世界名人非常之路

瓦 特

带给人类动力的发明家

刘玉磊◎编著

中国社会出版社

国家一级出版社·全国百佳图书出版单位

"世界名人非常之路"编委会

主　　任：刘明山

编　　委：

周红英	王汉卿	高立来	李正蕊	刘亚伟	张雪娇
方士娟	刘亚超	张鑫蕊	李　勇	唐　容	蒲永平
冯化太	李　奎	李广阔	张兰芳	高永立	潘玉峰
王晓蕾	李丽红	邢建华	何水明	田成章	李正平
刘干才	熊　伟	余海文	张德荣	付思明	杨永金
向平才	赵喜臣	张广伟	袁占才	许兴胜	许　杰
谢登华	衡孝芬	李建学	贺欣欣	刘玉磊	王莲凤
刘振宇	张自粉	苗晋平	卓德兴	徐文平	王翠玉

写在前面的话

　　童年时代的夏夜，我和小伙伴们时常躺在家乡的草坪上，仰望着美丽的星空，偶尔还能看见流星划过，那时的欢呼与过后的惊诧至今仍历历在目。冬天的早晨，我们则常常流连于冰雪覆盖的小路，经常因堆雪人和打屋檐的冰凌锥而忘记了上学。当然，春天和秋天对于孩子们来说，更是大自然赐予最慷慨、最丰厚的时候。无论是春花的烂漫还是秋果的诱人，至今都是我心中最温暖的回忆。

　　随着年岁的增长，许许多多扑朔迷离的自然现象，构成了一个又一个神秘莫测的奥秘。自然界的事物不再只是心头美丽的驻足，而是慢慢地变成了诸多诱使我去探索的动力。幸好，学校的数、理、化、生物等课程给了我一些答案。但是，课本的知识毕竟十分有限，而阅读课外书籍给了我巨大的帮助。

　　在成长过程中，随着知识的增加，我的好奇心也越来越强，迫切地想要了解那些发明创造的过程和那些奇思妙想的主人。是谁捡到了那只证明了万有引力的苹果？是谁让漆黑的夜晚亮如白昼？是谁开启了工业时代的大门？又是谁让人类迎来了飞天的奇迹？是他们，站在科技前沿的科学家们，带着诸多疑问，不断地对我们生存的空间进行研究，渴求破译这充满超自然现象的世界。是他们一步步带领着我们进入科技时代。

　　茫茫宇宙中是否还存在其他智慧生物？如何科学地解释人体与自然的离奇现象？他们用不断探索的精神引领我们认知世界，辨别真伪。我们为他们的创造精神而感动，为他们的科研成果而骄傲，更为他们对人类的贡献表示由衷的感谢！

写在前面的话

　　被逼"退学"的发明大王爱迪生，中国现代数学之父华罗庚，带给人类动力的发明家瓦特，太空探索的先驱者布劳恩，实验科学研究的先驱伽利略，为人类插上翅膀的莱特兄弟，放射性元素之母居里夫人……我们将这些科学家的故事汇集起来，编撰成册，希望能让读者朋友们全面了解他们的一生和那些与他们无法分离的伟大事迹，使大家从中有所收获。

　　就让我们一同走近这些科学家，了解他们发明创造背后的故事，让他们的成长历程启示我们；让他们的挫折坎坷激励我们；让他们的灵感火花指引我们，让我们站在巨人的肩膀上，走向更高的目标，实现更伟大的理想！

　　"世界名人非常之路"大型系列丛书之"科学家成长之路"篇，就是这样一套专门拓展中学生科学视野，提高科学素养的图书。让我们沉醉于神奇、瑰丽的大千世界之中，感受科技的强大，伟人的魅力，从而启迪智慧，丰富想象，激发创造，培养青少年热爱科学、献身科学的决心，以及热爱人类、保护环境的爱心。

　　丛书紧密结合当前中学教材中涉及的历史名人，以及物理、化学、生物、地理、天文、材料、医学、能源、环境、航空航天等多方面的科学知识。在这里，科学家的成功不再神秘，愿科学家的成长之路能够成为你开启成功之门的金钥匙。

　　年轻的朋友们，让知识为你们的梦想插上科学的翅膀吧！

人 物 简 介

❧ 生卒与经历 ❧

　　詹姆斯·瓦特（James Watt，1736～1819），英国著名的发明家，英国工业革命时期重要人物，英国皇家学会会员和法兰西科学院外籍院士，被称为"工业革命之父"。

　　瓦特于1736年1月19日生于英国苏格兰的格里诺克镇。他从小体弱多病，由父母进行了启蒙教育。

　　瓦特在父亲做工的工厂里学到许多机械制造知识，15岁学完了《物理学原理》，并获得了丰富的木工、金属冶炼和加工等工艺技术的知识。

　　1752年，瓦特到格拉斯哥的一家钟表店当学徒。1753年，瓦特到伦敦学习数学仪器制造，给莫根当学徒。经过刻苦学习、努力实践，他已能制造难度较高的象限仪、罗盘、经纬仪等。

　　1763年，瓦特到著名的格里诺克大学工作，修理教学仪器。在大学里他经常和教授们讨论理论和技术问题，从他们那里学到许多科学理论知识。这对他后来的发明工作影响很大。

　　1781年，瓦特制造了从两边推动活塞的双动蒸汽机。1785年，他因改进蒸汽机的重大贡献，被选为皇家学会会员。

　　1819年8月25日，瓦特在靠近伯明翰的希斯菲德逝世，享年83岁。

❧ 成就与贡献 ❧

　　瓦特的主要贡献是对当时已出现的蒸汽机原始雏形做了一系列的

重大改进，发明了单缸单动式和单缸双动式蒸汽机，提高了蒸汽机的热效率和运行可靠性，对当时社会生产力的发展做出了杰出贡献。

瓦特所做的第一项重大革新就是增加一个独立的凝汽室，于1769年获得专利权。他还使蒸汽缸与外界绝缘，又于1782年发明了双动蒸汽机。

这些发明使蒸汽机的效率至少提高了四倍，实际上，效率的提高意味着一台华而不实的装置与一台有巨大工业价值的机械之间的差别。

1781年，瓦特还发明了一套齿轮，从而使蒸汽机的往复运动变换成为旋转运动。这套齿轮使蒸汽机的用途增多。

瓦特又发明了自动调节蒸汽机运转速度的离心式调速器、压力计、计数器、示功器、节流阀以及许多其他仪器。

除了改良了蒸汽机，瓦特还发明了气压表、汽动锤，以及一种新的透印印刷术，此外瓦特还对油灯进行了改进，发现了一种新的利用望远镜测距的方法，改进了蒸汽碾压机以及沿用至今的机械图纸着色法。这些都推动了产业革命的进程。

∽ 地位与影响 ∼

瓦特是历史上最有影响的人物之一，他是一位伟大的天才发明家，他所发明和改良的蒸汽机大大地推动了产业革命的进程，为人类社会进入"蒸汽时代"奠定了坚实的基础。

在瓦特的讣告中，对他发明的蒸汽机有这样的赞颂："它武装了人类，使虚弱无力的双手变得力大无穷，健全了人类的大脑以处理一切难题。它为机械动力在未来创造奇迹打下了坚实的基础，将有助并报偿后代的劳动。"

为了纪念瓦特在发明和改良蒸汽机方面的突出贡献，人们将功率和辐射通量的计量单位称为瓦特，常用符号"W"表示。

目录

瓦特

聪明的孩子

一个人的奋斗，不论成败，只是在把世界雕琢得更加完美罢了，但你要竭尽所能地坚持去做。

——瓦 特

喜欢观察思考的孩子

在英国北部、苏格兰西海岸，有一条水波荡漾的河流，叫克莱德河。在克莱德河的河口附近，坐落着一座美丽的城市，叫作格拉斯哥。

格拉斯哥既有便利的航运，又出产煤、铁等矿产资源，所以在很早的时候就发展成为了一座工业重镇和外贸商埠。

格拉斯哥集中了苏格兰一半左右的人口，苏格兰历史上的不少文化名人和政治家、军事家以及科学家都出生在这个地方，可以说这里就是一块人杰地灵的宝地。

从格拉斯哥沿着克莱德河往西走，经过三十多公里的路程，便到了河口地区。在克莱德河的南岸，有一座宁静的小城镇，它有一个好听的名字——格里诺克。

格里诺克是一座天然的港口，可以停泊吃水深些的大船，所以很自然地发展成为格拉斯哥市的辅助港口。

格里诺克镇的居民们，也大都从事着与航海捕鱼息息相关的各种生产经营活动。"靠山吃山，靠海吃海"，格里诺克人依靠海港为生，日子倒也过得下去。

1736年的1月19日，在格里诺克小镇威廉街的詹姆斯·瓦特家里，伴随着一个婴儿呱呱坠地的啼哭声，一个新的生命诞生了。

知道詹姆斯家里又有新的生命诞生，邻居们纷纷前来造访，七嘴八舌地向孩子的父母道贺。

家里添丁本来是一件极其喜庆的事情，但是这个时候孩子的父亲詹姆斯却苦着一张脸，一副心事重重的样子。

孩子出生的消息很快传遍了全镇，邻居们纷纷议论："听说了吗，詹姆斯家里又新添了一个小男孩？"

"哦？那是好消息呀！这可是天大的喜事啊！"

"唉！你懂什么，这哪里是什么好事，詹姆斯已经接连夭折了五个孩子了。我昨天去造访过，看老詹姆斯愁眉苦脸的样子，估计这个娃娃也活不下来。"

"噢！是呀！我亲自去看过那个孩子，恐怕很难养得活呀！那简直就是一个骷髅，又瘦又小。"

"这孩子可真可怜，希望老天保佑他吧！"

邻居们的太太纷纷议论着，看得出来她们都很同情这个刚刚降生的小小生命。

原来这位造船工人詹姆斯，在过去的几年中曾经先后生下过五个孩子，但是不知道怎么回事，这些小生命在出生后不久就都夭折了，这次新添的男孩已经是第六个孩子了。

"孩子，难道你的命运也会和你的哥哥们一样吗？"

父亲詹姆斯凝视着这个眼睛越长越大，但是全身却瘦得皮包骨的婴儿，心里不禁感到一阵阵失望。

小孩子的身体虚弱，原因有很多，或许和家族的血统有关系。就以詹姆斯本人来说，在他们六个兄弟当中，能够平安长大成人的，只有他和哥哥约翰两个人。

"不过，孩子他爸，这个孩子看起来比以前那五个孩子要好养得多，这一次不管怎么样我都要把他养大。"

妻子阿哥娜丝不断地淌着眼泪，紧紧地把这婴儿抱在怀里。作为一个母亲，她已经连续失去了五个孩子。

看着瘦小的婴儿，她心如刀割，她暗暗下定了决心，这一次不管付出怎么样的代价，也一定要把这个孩子抚养成人。

为了使这个孩子将来能够和他父亲一样，母亲阿哥娜丝给孩子起了一个和他父亲一模一样的名字詹姆斯。而为了区分父子俩，大家平时都亲昵地管这个孩子叫作杰米。

或许是上天也被这对夫妻的诚心所感动，这个脆弱的生命总算是没有步他那五个哥哥的后尘，而顽强地活了下来。

在母亲的悉心照料下，这个瘦弱的孩子，一天一天地长大了，虽然他的身体还是十分瘦弱，甚至看上去使人害怕一阵风就能够把他吹倒，但是这个孩子总算是健康地成长起来了。

其实，瓦特的家原来并不是住在格里诺克的。

17世纪末，在格里诺克的附近，有个名叫卡兹代克的小渔村。有一天，不知道从什么地方来了一位青年，年纪大约在30岁，从他的衣着谈吐看来，应该是一位有教养的绅士。

"我听说他是从东海岸的亚伯下来的呢！"

"真可怜！听说还是个孤儿呢！"

"嗯！据说他的父亲是伟大的蒙特罗斯侯爵，那位在和凶暴的荷兰人作战的时候不幸阵亡了的英雄，他是英雄的后代。"

"哦！真是怪可怜的，那么他是做什么生意的呢？"

"好像是教数学的先生吧！在来我们这个地方以前我看见他在邻村教孩子们算术呢！"

"哦！那就是一位伟大的学者呀！这可是咱们小镇的第一位学者先生啊！"

"是呀！咱们小镇一直很落后，政府也不管我们。现在终于来了一位学者先生了，咱们小镇能不能强大起来，说不定就靠他了呢！"

地方上的人们都这么谈论着。但是，在当时，格里诺克小镇还只是一个小渔村而已，在这样一个偏僻的小镇里，最常见的职业就是渔夫和船员。

而教师，在整个格里诺克都不常见。若是想以数学教师的身份谋生，实在比较困难。

格里诺克小镇并不发达，小镇上仅有一座日照仪，在晴天有太阳的时候才能知道时刻。悬挂在三脚架子上的铜钟，它的作用仅仅只是召集村民们上教堂以及赴市场赶集。

除了教堂以外，公共建筑物只有一座刑务所而已。刑务所的门前，放着许多头颈枷，以及从西班牙无敌舰队手中夺来的大炮。这些东西，主要是用来防御荷兰人的，因为在当时荷兰人经常从海的对面冲过来掠夺财物。

格里诺克和卡兹代克的交界处，有一条叫作林格巴恩的小河，上面架设着长板桥。卡兹代克在海岸设有码头，和格里诺克相比，显得稍微繁荣点，事实上相差不了多少。

幸好这位名叫汤玛斯·瓦特的青年，学识比较渊博，以前在亚伯丁大学求学的时候，除了教习数学以外，还兼教航海术，懂得大量关于航海方面的知识。

所以，汤玛斯·瓦特一来到卡兹代克这个地方，便教给船员一些初级天文学知识和航海术，让他们多掌握一些航海方面的知识。

与其说汤玛斯·瓦特是一位教书的教授，还不如说是这些无知渔民的顾问。

在当时的英国，举国上下皆热衷于海外贸易，有这样一位数学先生正是这些渔夫们求之不得的！

于是汤玛斯就在这里定居下来，并且娶妻生子，又购置了一些田地，过着平静安定的生活。

汤玛斯·瓦特是一个忠于职守的人，且为人深谋远虑，人格高尚，又知识渊博，经常帮助地方上的人们解决一些他们所不懂的问题，所以到了老年他便被地方上的人选举为教会会议的长老。

当时的苏格兰还处在半封建时代，所谓教会会议的长老，其职权就相当于我国古代的县令，不但负责宗教方面，就连地方上的行政，甚至是裁判和检察等事情都掌管。

汤玛斯任职长老期间所做的最重大的一件事情就是创立学校，施行新时代的教育，以当时最为先进的科学知识教育新一代孩子们。

汤玛斯是一个长寿的人，在 70 岁的时候他辞去了长老的公职，最后以 90 岁的高龄逝世。

唯一让汤玛斯觉得有点遗憾的事情，就是他曾经先后生育了六个孩子，但是抚养长大的却只有约翰和詹姆斯两个人而已。

约翰和詹姆斯两人在父亲汤玛斯去世的时候，都已经长大成人。哥哥约翰与父亲一样，攻读数学和测量学，然后在格里诺克市开始他的事业。

而弟弟詹姆斯则恰恰相反，他从少年时代就在卡兹代克当造船工人，服务期满后，他搬迁到格里诺克开始自行开业。

经过资产阶级大革命洗礼的英国，社会经济发展的速度很快。尽管后来又经历了王朝复辟，但却无法阻止历史潮流的前进，英国新兴的资产阶级与封建贵族势力进行了反复的较量，最后采取了一个妥协的解决方案，英国实行君主立宪制。

君主立宪制的特色是国家政权掌握在资产阶级手中，但是保留国王或者女王作为国家元首的地位，后来，王室的权限又不断地受到限制，逐渐变成了象征性的地位。

1707 年，英格兰和苏格兰合并成为大英帝国，腐朽的苏格兰终于开始渐渐揭开了它那件陈旧的外衣，进入了一个崭新的时代。

英国议会下令："从现在起，各海口可自由筑港。"

地理位置极其优越的格里诺克抓住了历史发展的契机，马上开设了码头，着手开辟港口。不久，许多船只都能停靠码头，海关的税收日增，贸易也渐渐趋于繁盛了。它的繁华程度已经远远超越了卡兹代克了。

1719 年，首次装载着格里诺克的货物驶往美洲殖民地的船，就是从这个新港口出发的。

因此，年轻的詹姆斯从卡兹代克迁到格里诺克，从事造船事业，可以说非常具有先见之明。

父亲汤玛斯一死，詹姆斯和哥哥约翰平分了父亲的遗产，之后他便在威廉街买了一栋房子。

设在同一处所的工厂里，制造了许多家具、船具、椅子、桌子、桶等各种各样的东西，仓库里面也堆满了滑车、抽水机、炮架，以及船上所使用的东西。

虽然詹姆斯只不过是个"数学先生"的儿子，事实上他却不是一个仅仅知道斧刨的普通木匠。他曾经自夸地说："哦！看啊，在格里诺克港口的那架起重机，是我造的呢！"

这样一来，詹姆斯工厂里的生意一天一天地忙碌起来，伴随着他个人财富的增加，社会地位也日益提高，终于被选为镇议员，他的生活已经十分宽裕。

但是与他的父亲如出一辙，詹姆斯唯一的缺憾就是生下来的孩子，没有一个养得活，一个个都相继夭折了。

第六个孩子瓦特，虽然保住了性命，可是他的身体却使得父母为之操心不已。

瓦特的母亲阿哥娜丝在格里诺克这样的小镇很少见，她出身望族，有着良好的家世与教养，是一个远近闻名的大美人。不管是操劳家务还是下地干活，样样出色。

附近的人看见阿哥娜丝，都纷纷羡慕地说："詹姆斯这家伙，也不知道哪世修来的好福气，娶了这么一位漂亮的太太。"

也曾经有邻居悄悄问阿哥娜丝怎么会嫁给詹姆斯，每到这个时候阿哥娜丝总是会露出一个幸福的笑容，看着来人，但是却从来不会说出两人的姻缘。

阿哥娜丝从不以她本家的名望为荣，只是专心致志地帮助一心经商的丈夫，照管家事和养育孩子。

夫妻和睦相处，生活得十分美满。尤其是生下小瓦特以后，夫妻更是相亲相爱，同心协力地养育着这个心肝宝贝。

一天，詹姆斯下工回家。他还没进门，就一边抹着满脸的汗珠，一边高声地喊起来："喂！我的宝贝呢？"

听到这亲切的呼喊，阿哥娜丝在屋里故意没有回答，她要跟他开个玩笑。

"我的宝贝呢？他在哪里？阿哥娜丝，你在哪里？"詹姆斯有点着急。他风风火火地跑了进来。

"看你急的，他在这里！"阿哥娜丝的目的达到了，她迎了出来，文静地向丈夫眨眨笑吟吟的眼睛，责怪道："瞧你这么大声，不能轻点声吗？"

"哦！"詹姆斯立即放低了声音，在阿哥娜丝面前，他永远像个仆人，他太爱她了。阿哥娜丝下嫁给他这样一个普普通通的工人，使他很有受宠若惊的感觉。

詹姆斯不但声音放低了，他走路的脚步也放轻了，他一面接过妻子递给他的毛巾揩着汗，一面细声细语地问阿哥娜丝："他睡着了吗？"

"嗯！睡着了。"阿哥娜丝很心疼自己的丈夫，自结婚后，她就没有再出去工作，全是詹姆斯挣钱养家。

虽然小瓦特的外公很有钱，但阿哥娜丝也不向他伸手，她和詹姆斯要用自己的双手共同创造美好生活。

詹姆斯走到儿子的小床边，情不自禁地想吻吻儿子的小脸蛋。自从做了爸爸后，他突然觉得自己真正长大了，真正成熟了，真正是个标准的男子汉大丈夫了。

但是随着小瓦特的出生，他觉得自己肩上的责任更重了，"爸爸"这个词，从某种意义上讲，它只代表着义务，而没有权利。别的不说，仅小孩的开销，就抵他和阿哥娜丝两个人的开销，真是养儿才

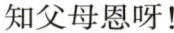

知父母恩呀！

詹姆斯慢慢地把头探下去，没有触到小瓦特的额头，阿哥娜丝的手已经伸过来了，她挡住了他的嘴巴："他刚刚睡着，你又要把他搅醒？"

詹姆斯没有说什么，他只是笑了笑，呆呆地望着儿子出神。

小瓦特的脸蛋白白的，瘦瘦的，为数不多的稀疏的头发紧紧贴在头皮上，大大的眼睛，凸得高高的脑门，詹姆斯心中暗暗叹气。

阿哥娜丝懂得丈夫的心思，她不无忧愁地说："他成天不想吃东西，三天两头地生病，怎么能不瘦呢？"

"不要紧，不要紧。"詹姆斯既像是安慰自己，又像是在安慰妻子说："孩子还小呢！年龄小就比较娇嫩，抵抗疾病的能力差，等他慢慢长大了，身体就会壮得像头小马驹似的。"

阿哥娜丝知道詹姆斯在安慰她，她没有说话，只是苦笑了一下。

"你不信？"詹姆斯一本正经地说，"我小时候，也常生病，也是瘦瘦的，不爱吃饭，整天只想睡觉。可是你看现在……"

说着他一下子把自己的臂膀伸给她看："你瞧，这臂膀多么壮实！我敢保证，我们的小子，将来，一定比我还强壮！"

可是随着小瓦特的渐渐长大，他的身体没有像詹姆斯预言的那样，仍是如以前一样又瘦又弱。

阿哥娜丝感到很奇怪，忙请了几个医生给他检查。医生说这孩子先天不足，后天调养也很困难。阿哥娜丝没有办法了，只好尽心地抚养小瓦特。

阿哥娜丝唯一的宝贝儿子就是瓦特，这个动不动就发烧的小男孩，在她心目中，无异于一个容易破碎的小碟子，必须小心翼翼地好好看护。

瓦特在稍稍懂事以后，变得整天离不开母亲身边，有点怕见生人，不像其他的孩子那样终日在外面嬉戏玩耍。不过如果他看见自己心爱的玩具的话，却又能独自一个人玩上半天。

为了照顾这个寂寞的孩子，心疼孩子的母亲不得不时常放下手边的工作，陪他在床上画画儿。

时间过得飞快，眨眼间瓦特就到了该入学的年龄，其他的小孩子都开开心心地上学去了，但是瓦特因为体弱，父母不忍心让他冒着风雨去上学。因此他依旧待在家里，由母亲教他读书写字，父亲教他书法或算术。

有一天，爱德森先生到瓦特家拜访，无意中看见瓦特一个人蹲在火炉边玩耍。

爱德森先生走近瓦特身旁，看看他到底在做些什么。

原来，小瓦特并不是像爱德森想象中的那样在玩耍，而是在握着有色的粉笔，像模像样地在纸上画着三角形、圆形、直线等图形。这哪里是在玩耍，分明像是在做几何学的图。

原来，小小年纪的瓦特已经在思考复杂难懂的欧几里得几何学问题了。

爱德森先生觉得有点难以置信，但是，瓦特所画的图形，的确不能说是没有意义的。

"瓦特!"

爱德森先生有点不相信，于是就指着其中的一个图问："瓦特，你画的这个是什么呀?"

"等边三角形呀!"

"这个呢?"

"这是一个正方形。"

瓦特把他所知道的一一回答了客人，而这时候的瓦特才 6 岁。

有一天，妈妈在厨房烧水，她吩咐瓦特说道："瓦特，厨房的水你去看一下，如果开了就告诉妈妈。"

小瓦特很听话地走进厨房，看见水壶不断地冒泡，他立即被吸引住了。瓦特赶忙站在炉子跟前，听见水壶"咕咕"地开始唱歌了。小瓦特在矮凳上坐下来，把耳朵贴近水壶去听，水壶里面好像藏了个小乐队似的，里面发出了很奇妙的声音。

小瓦特双手托着腮帮，静静地听着水壶里面的演奏，"呜呜""嘟嘟"，声音逐渐高了起来，没多久，声音更响了，"噗噗""咯咯"，仿佛还有敲铜鼓的声音。

一会儿，声音又嘈杂得好像有十几个人在吵架似的，小瓦特听呆了。又过了一会儿，声响慢慢地低下来了。之后，壶嘴里就开始喷出一团一团白雾，不一会儿又变成一蓬一蓬的浓雾，同时水壶的盖子突然动了一下，刚刚恢复原状，盖子又被掀了起来。每掀一次，水壶就吐出一抹雾气，同时还发出"嘶嘶"的声音。

这到底是怎么回事呢？水壶里的水怎么变成白雾了呢？小瓦特陷入了深深的思考。这时候，水壶盖子被掀得一次比一次高了，每次落下时壶里面都会发出"咕嘟"一声，太有趣了。

小瓦特想，这是一把大水壶，盖子相当重，为什么壶里面的开水会有这么大的气力呢？

这时水蒸气更起劲地一次又一次冲起盖子，水壶里面真像有几只调皮的小白猫在捣蛋一样，它们一次又一次地想从里面冲出来，壶盖子却一次又一次地把它们按回去，真是有趣极了。

水蒸气能够冲开壶盖子，这里面一定有道理。小瓦特出神地望着

水壶盖子，默默地沉思着。

"瓦特，瓦特！"妈妈在喊他，可是小瓦特没有听到。

妈妈觉得奇怪了，已经过去好几十分钟了，水早该开了，怎么不见瓦特回来呢？妈妈赶紧跑到厨房里去。她到厨房一看，见瓦特托着腮，坐在火炉那里沉思呢！

"瓦特，你怎么了？水烧开了没有？"

这时，小瓦特才从妈妈的问话中回过神来，忙说："水已经开了！"

"那你怎么不来叫妈妈呢？"

"这……这……我在想问题。"

"你在想什么呀？"

爸爸詹姆斯也以为是出了什么事，赶到厨房里来看个究竟。

"我在想水蒸气怎么能把壶盖子冲起来呢？爸爸，你说这是为什么呀？"

"可能是壶盖子没有盖紧吧！"

妈妈想了一下说："我知道了，可能是水蒸气的缘故吧！"

"对，对，妈妈您说说，水蒸气为什么能够推动一小球，还能冲开水壶盖子呢？"

爸爸提了水壶去冲咖啡。妈妈想了一想，拉着小瓦特一边走一边说："水一经加热到沸腾后，就变成了水蒸气，水蒸气膨胀会产生一股力，所以它能够推动小球，也能够冲开水壶盖子。"

"要是水壶老大老大，水蒸气的力量是不是就更大了呢？"

"我想应该是这样！"

"太棒了，妈妈！"小瓦特高兴得一把抱住了妈妈。

从小立志做个发明家

有一天，爸爸对瓦特说道："瓦特，下个星期日我们去你姨妈家里做客。"

这下可把小瓦特给高兴坏了，他非常喜欢姨妈。在两年前的同一个季节，也是生机盎然，春暖花开，小瓦特曾经跟妈妈去过一次姨妈家。

小瓦特仍然清楚地记得，在离姨妈家不远的一大片田野里，长满了紫云英。春天里，繁花盛开，那里简直就像个大花园。

在村边的灌木林里，小鸟成天叽叽喳喳地闹腾个没完没了，就像整天都有说不完的话似的。

当小瓦特想抓一只鸟来玩玩时，他虽然蹑手蹑脚尽量不发出声音，可聪明的鸟儿还是"扑"的一声，全部机警地飞走了。

吸引小瓦特的还有农家饲养的牛羊、鹅鸭，它们吃草、吃菜、戏水的样子，小瓦特觉得这些简直太好玩了。

小瓦特还记得上次他跟妈妈去姨妈家的时候太阳特别暖和。在村子朝南的空地上，十几个阿姨和奶奶正在那里纺纱。

她们每人守着一辆小纺车，手一摇，"呜嗡、呜嗡"的纺车声便响了起来，好像有成群结队的蜜蜂在她们身边飞来飞去，雪白雪白的棉纱仿佛变魔术似的从她们的手指头上吐出来。

小瓦特听妈妈说，现在人们的纺纱技术太落后了，人们辛辛苦苦地干一天，也干不了多少活。

听说有个什么地方发明了一种新的纺车，能同时纺出 20 根纱，一个人干的活就可以抵上她们 20 个人干的活，小瓦特第一次听妈妈说有这么神奇的事。

"瓦特，我不得不遗憾地告诉你，今天我们不能去你姨妈家了。"星期日早上，爸爸一脸遗憾地对瓦特说道。

"为什么呢，爸爸？"

"你姨妈那边的农民发生暴乱了，现在那边不是很安定。"

虽然暂时去不成姨妈家，但是小瓦特还是满心向往，不光为了那儿有遍布田野的鲜花、快乐的小鸟、农家的牛羊鹅鸭，还有阿姨和奶奶纺纱这些好看好玩的东西。

还有一个更吸引他的地方，就是姨妈那儿有一位小伙伴——姨妈的小女儿，比他小几岁的表妹玛戈蕾特·米勒。

小表妹长得像小蝴蝶一样好看。姨妈虽说样子像个大冬瓜，可米勒却跟她妈妈不一样，她脸蛋儿又白又嫩，一双眼睛跟玩具娃娃的眼睛似的，特别是她那一头金发，披在肩上，在阳光下闪烁耀眼，简直是太美了。

小瓦特很喜欢他的小表妹。小表妹对瓦特也特别好。她从来都不像其他同学那样嘲笑他、捉弄他。不过表妹的功课成绩不太好，尤其是数学，连乘法口诀都记不住。

那时小瓦特跟妈妈去她家的时候，虽然瓦特自己还没有上学，可是对数学已经不陌生了。无论是加减乘除，他都做得又快又准确。因此他耐心地帮助表妹补习数学。

小瓦特不但数学好，就是别的科目也成绩优秀，凡是表妹问他的问题，他没有一个是答不出的。所以在表妹眼里，小瓦特简直是个小博士，对他非常钦佩。

跟表妹在一起，小瓦特也感到非常开心，只要他一看见米勒，就简直像换了个人似的。

正当小瓦特为了不能去姨妈家感到特别难过的时候，送信的叔叔给他带来了一个意外的好消息。妈妈接到了姨妈的来信，说在这个星期日，姨妈和表妹要来看望他们呢！

听到这个消息，小瓦特高兴坏了。

星期日终于来到了，小瓦特和爸爸一样早早就从床上爬起来。爸爸让他到院子里走走，呼吸呼吸新鲜的空气。

小瓦特的头痛病很多天没有发作了，为此爸爸妈妈都很高兴。

医生告诉他们，要让小瓦特加强锻炼，增强体质，对根治头痛病会有好处的。

可是对于小瓦特来说，出来散散步还行，要做别的锻炼动作，他就不愿意了。他宁可靠在窗口，望望院子里的那棵梧桐树，让思想像放飞的鸽子，从梧桐树枝上腾跃出去，飞得很远很远。

吃过早饭，小瓦特就跑到门口张望了好几次，他心里有点着急，心里嘀咕着，姨妈和妹妹怎么还不到呢？忽然他想到一道数学题，老师说如果会用几何的方法去解，就非常方便了。

对于几何，小瓦特在妈妈和爸爸的指点下，已经多少懂了一些，但还懂得不多。

他从爸爸工厂里的几位工人师傅那里了解到，做什么仪器都离不开数学，特别是几何。所以他下决心要把几何学好。

小瓦特一想到这里，就不再等了，忙钻进书房。姨妈和表妹来到后没有看见小瓦特。

她们看到正在张罗着午饭的小瓦特的爸爸和妈妈，就问道：

"瓦特呢？到哪儿去了？"

"他不是在门口等你们吗？"

"没有啊！"表妹又跑到门口看了看，

"门口也没有。"

"不在门口吗？那他是不是在院子里呢？"

"也没有。"

妈妈心里也感到奇怪："早上一起床，就在念叨你们了。这孩子，大概又钻到书房去了。"

玛戈蕾特忙到书房里去。她敲了敲门，"瓦特！瓦特！"

里面没人答应。

"我说哪会有这么傻的孩子，这么好的天气，会把自己关在书房里做功课。"

姨妈嘴里嘀咕着，也走过来，随手就把门推开了。

"表哥！表哥！"

小表妹玛戈蕾特眼尖，一眼就看到了蹲在地上的小瓦特。

"瓦特！瓦特！"

姨妈也喊起来。

"姨妈，表妹，你们好！"

小瓦特见她们走进书房，连忙向她们问好。但他仍然蹲着，拿着支粉笔，埋头在地板上画着、写着。

玛戈蕾特看到瓦特，连忙甩开妈妈的手，奔到表哥跟前，也蹲下来，看着他写。

姨妈走近小瓦特身边一看，只见他在地板上乱七八糟地画了些三角形和圆圈什么的，就很不以为然地说：

"瓦特，你在干什么呀？干干净净的地板，弄得这么脏，你怎么这样不爱清洁！"

小瓦特看看表妹，见她打扮得非常漂亮，金色头发上扎了两只天蓝色的蝴蝶结，更像只大蝴蝶了。他听到姨妈的责备，向表妹挤挤眼，两个人会意地笑笑。小瓦特又埋头在地板上写起来。

这时妈妈一听书房的说话声也到书房来了，姨妈转身对她说："你看看小瓦特，还说在书房里做功课学习呢！你瞧瞧，他在干啥！地板上让他涂得这么脏，这次又够擦半天的了。"

妈妈走过来瞧了瞧，她一看就知道是怎么回事了，所以没有说话。玛戈蕾特忍不住了，嚷起来：

"妈妈，你瞎说什么呀？表哥他是在做数学题！"

妈妈也告诉姨妈说：

"玛戈蕾特说得对，瓦特在做数学题，他每天都这样。对他来说，地板就是蛮不错的大黑板。"

小瓦特和表妹听了都笑了起来。

"干吗尽做些数学题？多学点语文，不是更有用处吗？"

姨妈望着小瓦特说，

"你还真想当发明家呀？"

"姐姐，孩子喜欢学习，如果他真能成为一个发明家，又有什么不好呢！"

瓦特的妈妈挽着姨妈的手臂走出了书房。

"哎！你们何必让孩子受那份罪呢？跟他爸爸一样，学点实用的技术，不是很好嘛！"

"他爸爸有什么出息！这样做做，那样干干，一事无成。"

"当个发明家，你当就一切顺利啦？"姨妈感到好笑地说，

"十多年前，不是有个叫约翰·凯的人发明了飞梭吗？织起布来比以前快多了，真亏他挖空心思想得出来哩！可是，一些工厂采用了以后，闹翻天了。科尔切斯特的工人们都联合起来控告这个约翰·凯。"

"为什么要控告他？他搞创造发明，又没犯法！"

"对职工们来说，这可是比犯法还要严重哩！"姨妈说，

"职工们控告他抢了他们的饭碗。用了飞梭，一个人能干几十个人的活，许多职工不就要失业了吗？"

"这也是。"

"后来这个约翰·凯逃到利兹去，那里不但职工们恨他，连制造商也对他不满，说他使用费要得太多了。人家是联合起来跟他斗，光是诉讼费，就够他受的了！"

"事实上，许多工厂不都在采用飞梭织布了吗？"

"就因为约翰·凯这个人用鸡蛋碰石头，所以失败了，现在无容身之所。"姨妈仍坚持自己的观点。

这时詹姆斯也加入了她们讨论的行列，他很赞同姨妈的看法。

"我也听说过，这个约翰·凯离开曼彻斯特逃走的时候，还是藏在一袋羊毛里的呢！"

"哎！就是这么个发明家，后来只好登船逃到法国去了。"

姨妈心想妹夫的脑子也许清爽些，便对他说：

"你可别让我的小外甥去当发明家呀！"

詹姆斯听了这话，便不言语了，他知道自己无权干涉瓦特自己的选择。

小瓦特也听见了大人们的谈话，但是并不认同姨妈的观点。小瓦特的两只眼睛眨得亮亮的，在他心中，暗暗下定了决心，一定要做一个伟大的发明家！

勤于动手实践的少年

两年的时间很快就过去了，虽然瓦特身体还不十分强壮，但比过去好多了，至少比起出生的时候好多了。于是，妈妈决定送他去上学了。

在学校里的所有孩子中，瓦特始终是身体素质最弱的一个。或许是由于身体比较瘦弱的原因，瓦特的性格有些腼腆，几乎从来不敢大声和人说话。他还时常被淘气的小朋友们捉弄哭了，可是从学校跑回家后，又从来都不敢和妈妈说起在学校里被同学们欺负的事。

瓦特也从来没有和那些顽皮的孩子们一起做过游戏，更别说在沙滩上奔跑或者抛石头了，他甚至连与他们做游戏的念头也不曾有过。在老师和同学们的眼中，瓦特是一个异常孤独的孩子。

不单单是调皮的男生们喜欢欺负瓦特，甚至连女孩子们也都习惯性地嘲笑他。但是生性懦弱的瓦特还是一贯地躲避，从来不敢正面回应他们。

也许是由于身体瘦弱并经常请假的关系，瓦特的功课经常被耽误，老是跟不上别人。

瓦特也从来没有取得好成绩的自信，因为即使他有不明白的地方，他也没有向老师发问的勇气。

直到13岁的时候，瓦特从小学升到中学读初中，升入文法学校的数学组时，他才渐渐显露出自己的才能来。

瓦特所在班级的数学先生名叫约翰·马尔，他精通欧几里得几何学，堪称是几何方面的专家。这位数学先生总是对瓦特称赞不绝：

"这孩子是数学天才，头脑不凡。"

"这可能是来自于他那位伟大的祖父汤玛斯·瓦特的遗传吧！"

"这孩子将来一定能成就一番伟业！"

"这孩子是一个天生的数学家！"

类似这样的称赞之辞总是从这位数学先生的嘴中频频说出。可以明显看出，他对瓦特是发自内心的喜爱。

瓦特在这位数学先生的用心教导下，很用功地念了两年数学。

那个时候他的数学成绩在班级里总是第一名，数学先生也总是鼓励瓦特要"百尺竿头，更进一步"，以便将来读大学，学工程学科知识，成为一个对社会有用的人物。

由于瓦特学业成绩优异，他特别能引起老师注意，各位老师看到他这样好学，也都乐意跟他交谈。

可是，瓦特的体育老师却不喜欢他。因为他在上体育课时老是心不在焉，并且各个体育项目他都做不好。体育老师看到他这种状态也很着急，常常劝他好好锻炼身体，可是瓦特对他的话就是听不进去。

体育老师把瓦特的事对其他老师讲了，其他老师以后也尽量避开瓦特，好让他利用课余时间去活动活动。

可是瓦特仍然不想出去活动，就独自坐在教室里沉思。

因为他总是这样，既不爱活动，也不合群，同学们也不大愿意接触他，而且还给他起了个难听的外号——"有神经质的呆子"。

在资本主义经济蓬勃发展的英国，由于社会的急剧变革和各方利益的调整，当时的社会秩序显得比较混乱，社会治安状况则尤其让人担忧。

社会的不安定让瓦特的父母对孩子特别不放心，除了上学，他们不允许瓦特随意外出。好在瓦特的性格也比较内向，除了去学校读书外，哪儿也不去。他放学一回到家里，就把所有的时间都消磨在父亲的工厂里面。

父亲的工厂里，除了人家订制的各种船上用具之外，还有许多装

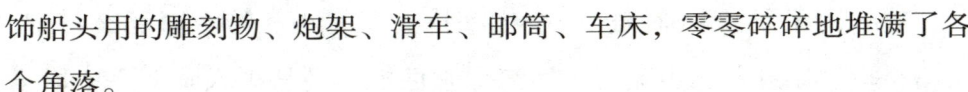

饰船头用的雕刻物、炮架、滑车、邮筒、车床，零零碎碎地堆满了各个角落。

东西又杂，厂房又小，所以工厂里简直混乱不堪。但这儿却是瓦特从学走路开始，经常玩耍的地方。

瓦特第一次来到爸爸的工厂，很高兴。几位工人师傅正在认真地工作，他们看到小瓦特，都向他笑笑，和他打招呼。

小瓦特看到各种各样的航海仪器，手就痒痒起来，每一样他都感到很好奇，都想去摸一摸。

尤其是那些精巧的模型，就像是大玩具一样，完全把小瓦特迷住了。他捧起这个看看，又捧起那个瞧瞧，恨不得把它们拆开来，看个究竟。

有位工人师傅看到小瓦特真要动手拆，急忙跑过来，一面伸手从小瓦特手里把模型拿去，一面笑着说："小朋友，你想瞧瞧里面什么样子是不是？让我拆开来给你看好不好？"

"好，好！"小瓦特感激地望着他。

"小朋友，你叫什么名字呀？"工人师傅很喜欢这个调皮的孩子，他一边拆一边跟他谈起来。

"詹姆斯·瓦特！"

"这名字真好。你几岁了？"

"11岁。"瓦特说。

"呵！你11岁了，我怎么看不出来呢！你最多只有七八岁。"那个工人师傅边打量他边说。

"你看他这么瘦，脸色也不好。"另一个年轻工人说。

几个工人围上来，"是不是你爸爸妈妈不舍得给你吃饭呀？"他们逗小瓦特玩。

小瓦特无心回答他们的问话，眼睛直盯着那个工人师傅的手，要他赶快拆模型。

这时，那个工人师傅已经把模型拆开了。小瓦特看得那么仔细，还用小指头比量着长短宽窄，后来他索性把模型从工人师傅手中取了过来，不停地看着、摆弄着，爱不释手。

"这可不是玩具，小瓦特！"爸爸詹姆斯说。

"我知道！"小瓦特觉得他小看了自己，不以为然地说，"我当里面挺复杂的呢，原来也不过如此！"

"呀！小小年纪，口气倒真不小呢！"工人师傅惊讶地望着他说，"做起来可不简单哩！你可知道这上面要用到数学计算，尤其是几何原理吗？要有一定的角度、一定的尺寸，学问可大啦！"

小瓦特不服气，向他白了白眼睛，说道："你别小看人。"

这可不是小瓦特自负，他平时在妈妈爸爸的辅导下，语文、数学，尤其是几何、三角，最简单的知识，他都已懂了一些。要说程度，就是四年级学生，怕也比不上他呢！

"小瓦特，你要想学做模型，那就拜他为师吧！"

那个年轻的工人说。

"怎么样？嗯？"工人师傅笑眯眯地看着他。

小瓦特眼珠骨碌碌地转了转，想了个主意说："你肯把这模型送给我，我就拜你为师。"

"这……这……"

没等工人师傅答应，小瓦特已经抱着仪器模型跑了出去。詹姆斯大声喊他，他也当作没听见。

回到家后，小瓦特躲在他的那个小房间里，摆弄那小仪器模型。他对仪器简直着迷了。

这天晚上，小瓦特又自己闷在那小房间里，摆弄小仪器玩。可是他刚把仪器拆开，头就像针刺一样地疼痛起来。他双手抱住脑袋，发出凄厉的呻吟，大颗大颗的汗珠从他手指缝里沁了出来。

爸爸妈妈听到小瓦特的呻吟声，急忙跑了进来。詹姆斯赶紧去取备用药，妈妈忙着去倒开水。他们对孩子的病，感到无计可施。

小瓦特难受极了，他虽然也时常注意参加一些体育锻炼，可由于他先天性的体质差，怎么锻炼效果也不明显。小瓦特背靠在沙发上，把去痛片和着泪水吞了下去，他闭上眼睛静静地靠着妈妈休息。

不到一刻钟，小瓦特的头痛缓解了。但是，这只是暂时的办法，病根子却依然存在，随时可能发作。

这种病，许多年来都治不了根，让小瓦特受尽折磨，确实叫父母忧心忡忡。

"唉！瓦特这孩子，叫他少动些脑筋，就是不听！"詹姆斯叹息地说。

"不动脑筋，也不是根治的办法。"还是妈妈最了解儿子，"人就是那么奇怪，有时候你要想少动些脑筋，好好休息一下，可是事实上反而动得更多。"

这话说到小瓦特心里了。此刻，小瓦特的头痛刚刚缓解一些了，他的脑子却又像陀螺一样地旋转起来。他想到了那个航海仪器模型，想到了几何、三角，也想到了书房里的那些数学书、物理书和画报、图片等。

当然，对于那些书，小瓦特由于现在认识的字还很少，还看不懂里面所有的内容，可是他就是喜欢去翻那些书。

这两天小瓦特几乎把大部分时间都花在书房里了，他对书中的那些图片特别感兴趣。

几何书上那些三角形、四边形、圆形等，他都看得特别起劲，虽然他也看不太懂。他认识的字太少了，如果能多认识几个字，那对他来说，真是如虎添翼。

瓦特的小房间里还有一本叫《气学》的书，那是詹姆斯送给小瓦特的生日礼物。

书中的插图，小瓦特都看了好几遍了。其中有一张图，画的是一个像漏斗的东西，一些人在那里摆弄。

自从第一次到了父亲的工厂以后，小瓦特就喜欢上了那里，以后只要下课，除了回家就是待在父亲的工厂中。

"瓦特！危险啊！快走开！"

父亲一看到小儿子在机械四周走来走去的时候，总是把他抱开。可是不久他又跑回来，把木屑或碎板之类的当成玩具，一玩起来就不停。

后来，小瓦特竟敢趁父亲不注意的当儿，私自从工具箱子里拿出凿子或小刀子来玩了。

"是谁这么顽皮？"父亲恼怒地问。

当父亲知道这是瓦特做的，就说："好吧，把这个给你吧！但以后绝对不许再拿大人用的工具了，知道吗？"

父亲没有办法，只得把那个小工具箱给了瓦特。瓦特有了这些东西，马上就像工人那样，很熟练地使用起这些工具来。

有一天，瓦特把父亲的工具箱盖子敲下来，用来做了一只船。瓦特做的这只船很有水平。

母亲阿哥娜丝看看工具箱，又看看船，连一句责备的话都没有说。

等詹姆斯一来，阿哥娜丝就说："你快看看你儿子造的船吧！妙极了！"

詹姆斯拿起小船，横看竖看，心里有些疑惑，看看小瓦特又看看妻子，不大相信地问瓦特："这是你自己做的吗？"

瓦特没有马上回答，他心里忐忑不安，怕爸爸责备他。

"怎么不是？！就是他做的，我看见的。"妈妈证明着。

小瓦特也怯生生地说："是我自己做的。不过，爸爸，您别骂我。我把您的工具箱敲坏了，对不起！"

"没关系。"詹姆斯高兴了，"工具箱坏就坏了，别说只不过一只盖子，就是敲坏了十只、百只，也算不了什么！"

他说着，就一把把小瓦特抱了起来，高高举过头顶，同时赞不绝口地说："好儿子，你做的这只船太好了。不错不错，是个好小子，是我詹姆斯的好儿子。今后只要你想做，就尽管做。"

阿哥娜丝高兴地看着他们父子俩，她从丈夫赞许的声音中好像也看到了孩子的未来。

"哼！瓦特将来准比你强，"阿哥娜丝自豪地说。

吃晚饭的时候，詹姆斯向瓦特讲了有关牛顿的故事。

"牛顿跟你一般大的时候，也喜欢做小玩具。有一次他做了个小水车，拿到溪边一试，转得挺灵活。可是有个小家伙对他非常嫉妒，竟故意跟牛顿作对，他不仅把小水车砸了个稀巴烂，还在牛顿的腰窝上踹了一脚。

"有些同学也趁势起哄，叫牛顿'笨蛋'、'蠢木匠'。牛顿平时很温顺，从不跟别人吵架，可是这回，却也发火了，他冲上去，'噼噼啪啪'地一阵打，最后把捣蛋鬼打倒在地了。"

詹姆斯讲得有声有色，小瓦特听得笑弯了腰。小瓦特知道牛顿是上一个世纪的大科学家，牛顿小时候怎样勤奋学习，长大了怎样创造发明成为一个伟大的科学家的一些事，小瓦特早就听爸爸妈妈讲过好多遍了，可是牛顿跟人打架的故事，这还是第一次听爸爸说起。

在这个工人家庭里，物理学家牛顿和数学家内皮尔的画像，已经挂在墙上好些年了。在小瓦特的心里，这两位大

人物，早已不是陌生的客人，而是他暗暗下定决心要学习的榜样。

吃过晚饭，小瓦特又站在牛顿的画像面前，默默地望着出神。他要像他们一样，也要做个伟大的科学家。

有了在工厂里学习的经验，瓦特进数学班以后，即便是没有老师的教导，也能很熟练地使用圆规或定规，制出精美的模型。

厂里的顶楼上，七零八落地堆置着起重机、手风琴以及各种各样罕见的机器模型，这些都是瓦特的父亲詹姆斯制造的。

瓦特每次来到顶楼，就好比进了一处藏宝库似的。他总是东瞅瞅西看看，睁着一双好奇的大眼睛，不断地在这些模型中搜索着。

有一天下班以后，工人们都回去了，可是工厂内却隐隐约约传来了敲敲打打的声音。

"咦，这是怎么回事？"

父亲悄悄地把工厂的门打开一看，光线微明的窗口边，瓦特正弯下身子，蹲在工作台上工作。

这个发现让父亲为之愕然，瓦特不知道什么时候学来的功夫，竟然趴在工作台上熟练地操作，看他的一切动作都像个熟练的工人。

"瓦特！"父亲冲着瓦特喊道。

"哦！是爸爸！"

"你在做什么，瓦特？这么晚了还不回家去。"

"哦！爸爸，这个，这是爸爸的起重机。"瓦特说着就笑了起来。

原来瓦特看见爸爸的起重机后觉得很感兴趣，在学着做爸爸用来安置在码头上的起重机呢！

"嗯！瓦特，你真棒，做得真不错，不过这个地方应当这样。"

父亲也加入了他的工作，并且教他如何使用卷尺，最后还亲自动手做些比较难的细活给他看。

这样一来，在不知不觉中，厂房里的架子上，上自起重机，下至小小的滑车以及卷铁锚的机器等的模型，瓦特都能做出来了。

"瓦特少爷的两只手真巧啊!"

工人们也都很称赞小瓦特。父亲当然也非常高兴,为此,他还特地为自己的儿子准备了一个专用的工作台。

"瓦特已经有资格当一名正式的工人了。"

父亲得意扬扬地说,但是母亲却有点不放心地说:"这样怎么行!瓦特的身体从小就不好,这么早就开始做工,会把身体弄坏的。"

所以,母亲时常借着吃饭或吃点心的时机,把瓦特叫回房间来。不然的话,他会整天泡在工厂里的。

瓦特虽说生来就胆小,害怕见生人,可是,他却具有"对一件事物一旦感兴趣,就非把它完成不可"的倔强特质。

当他一个人坐在安乐椅上发愣时,如果有人从后面叫他或和他说笑,他也许会回过头来和你搭讪一下。要是遇到他正在沉思着什么问题的时候,那他就连头都不会回了。

显然他一向安静沉默,但碰到他高兴的时候,说起话来倒也滔滔不绝。而且他说话的样子很生动,并具有一种吸引人的神秘力量。

他喜欢看各种各样的书,有时还会照书上说的去实践。

瓦特 14 岁的时候,曾一度移居到格里诺克休养。哪知道才去了 3 天,他的亲戚就给他的母亲来了一封信。信上这样写着:

　　请把瓦特接回去吧! 他在这里,弄得我们太过于兴奋,实在受不了。

　　内人由于睡不好的关系,身体日渐衰弱。家里向来有每晚 22 时入睡的习惯,而瓦特到了 22 时的时候,还想跟大家说话聊天呢!

　　每天晚上,他总是说些令人吃惊的话,不管那是些有趣的或是悲哀的话,大家都听得入了神。

　　结果呢,等到故事讲完,不知不觉睡觉的时间已拖延了

瓦特·聪明的孩子

很久。我儿子约翰时常拉着他的手催促他上床去睡，但总是无效。

从格拉斯哥回来的瓦特，身体变得开始强壮起来，学校的各门功课也都大有进步。

也许是性格忧郁，加之自幼身体就较其他的孩子虚弱，他又从来都不参加户外活动，这些原因可能导致了瓦特唯独对读书这件事怀有浓厚的兴趣。

母亲本想教他读有关历史或文学方面的书，可是，瓦特却从祖父遗留下来的书箱子里，拿出破旧的天文学、数学或解剖学，夜以继日翻来覆去地看，一遍又一遍，最后把它们都统统背诵了下来。

进入少年时期以后，瓦特还是和从前一样，不喜欢和朋友做无谓的游戏，但是却喜欢把自己关进孤独的世界，沉浸在他那少年的无边无际的空想中。

格利诺克的南方，到处都是一丛丛的榆树和山毛榉的树林，有如屏风似的连接。

瓦特特别喜欢一个人到那里去散步，然后跑到一处稍高而能望见天空的小丘上，躺下来看起书来。

偶尔书读累了，瓦特就会站在高大的树林里，大声地喊叫，而这个时候远处也会立刻传来同样的声音。

断断续续的回音，让瓦特感到一阵阵的寂寞，他也会害怕寂寞，这个时候他就两手掩住耳朵，猛然向森林中跑去。

瓦特常常独自在森林里沉思，像一个孤独的思想者，但是谁也不知道他在思考一些什么东西。经常是直到夕阳西下，他才慢慢地走回家。

有一天晚上，瓦特忽然什么也没有说，就独自跑出了家门。

"咦！这孩子这么晚了，到什么地方去了？"

母亲觉得孩子的行为很奇怪，因为瓦特一直都是很乖的孩子，他还从没有在晚上独自出去过。她赶紧悄悄地紧紧跟在儿子后面，想看看瓦特到底去做什么。

只见瓦特一个人行走在黑暗的森林当中，一点也不害怕，和平时在学校中的胆小迥然不同。

他越过森林，走到镇的尽头的一个小丘上，便一下子躺在了地上，用望远镜眺望着头顶上闪烁着的星星。

"这孩子多么怪啊！时常在夜间往外跑，这可不好。"

母亲心中多少有点不放心。可是，瓦特的夜行计划并没因此而取消，反而变得更加频繁了。

第二天的晚上，他又急急地向着墓地走去。

"咦！这次又在搞些什么？怎么还背着铁锹呢！难道要去挖什么东西吗？"

母亲大为吃惊，她又悄悄在背地里观察着。只见瓦特独自走到墓地里，拿起铁锹就准备挖墓。

"不得了，瓦特不会是要去挖掘坟墓吧？"

想到这儿母亲不觉吓了一跳，她赶紧出声制止道："喂！瓦特！你在干什么呢？"

"哦！原来是妈妈，可真把我吓了一跳。"

瓦特立刻停下手，转过身来。

"这话应该换我来说！你是在做什么呢？"

"哦！妈妈。我什么也没有做。"

"还说你什么都没做，你拿着铁锹这是在干什么？"

"妈妈，实际上是这样的，我最近看了一本解剖学的书，里面有一张关于大脑的图解，我觉得很奇怪，不知道是不是真的那样。您看，这个小孩不是才死了不久吗？"

"所以，你是想要挖开那个小孩子的坟墓把他解剖一下，是不是？"

"是的。"

瓦特毫不介意地回答。

"哦，天哪！这怎么可以?！随便把人家的尸体拿来解剖，这是犯法的！"

"哦！真的吗?"瓦特一脸天真地问道。

"当然是真的！还好我发现了！好了，回家吧！真把我吓坏了。"

"这个孩子对学问这样认真，倒是很好。不过稍不注意，就做出傻事来，可真叫人不放心呢！"在回家的路上，母亲忧心忡忡地想着。

利用空闲时间读书

从文法学校毕业以后，瓦特没有再继续深造读书，而是进了父亲的工厂工作。即便是这样，他仍然不忘利用闲暇时间读书。

瓦特对于学问的兴趣，似乎是无穷尽的。只要一有时间，他就会拿起书本津津有味地看起来。

每当这个时候，瓦特好像就进入了自己的世界一般，任由外人怎么喊都不会理会。

他对书籍的渴望，已经进入了一种忘我的境界。

从祖父的书箱里找出来的书，除了有关数学及天文学的以外，还有机械学、医学、解剖学及植物学等各种各样的学科，堪称一个微型图书博物馆。

瓦特天生就对一切自然事物感兴趣，自从他经常到野外独自沉思以后，他就开始对野生的花草或树木有极大兴趣了。

对于地质学，瓦特也有着浓厚的兴趣。当他看到克莱德河口的对岸，那些像用刀子切了似地耸立着的山脉时，他便下定决心要研究地质。

一天，中午休息的时候，工厂的一个老员工看见瓦特又在角落里津津有味地读书了，就说道："瓦特，你一天到晚都在看书，有意思吗？"

"哦！是斯蒂芬叔叔。嗯，是的！学问是没有止境的，书里的很多知识都是我们所不懂的，再也没有什么事情比读书更有乐趣了。"瓦特回答说。

"嗯！读书是一件好事。不过，读书应该挑选几本有兴趣的来精读比较好，不是吗？像你这样，顺手拿来什么就读什么，不是显得太杂了吗？"

"不！斯蒂芬叔叔，到现在为止，我所念的书，都是有用的，没有一本是白念的。有的书是用来增加知识的，有的书是有关做人的，还有的书可以当作一种消遣。"

瓦特说完，就不再说了，又埋头看书去了，恢复了他那种欲读万卷书的气概。

"瓦特近来好像很喜欢念书的样子！"

有一天，瓦特躺在床上看书，昏暗的油灯下面，母亲正在穿着针线，和父亲在低声交谈着。

"嗯！老是读书，都不和外界过多地接触，也不知道将来打算干什么呢。"

"那孩子既然这么喜欢学问，说不定将来会做个学者呢！"

"哼！木匠的孩子能做什么学者？"

"你这话说得不对，父亲不也是个了不起的学者吗？大哥不也是钻研学术了吗？只有你是木匠。现在瓦特这么喜欢读书，很明显是受到了父兄的影响。嗯，我想，不如把这孩子送到格拉斯哥的大学去念书吧！"

母亲的提议遭到了父亲的强烈反对。

"不，上大学是有钱人家的事，木匠的儿子上什么大学？"

"那是在以前，现在的情况有所变化了。我听说贫寒人家的孩子，可以通过种种的方式，取得教会或是慈善团体所赠予的奖学金，从而去大学深造呢！"

"就算是有那么回事，将来好不容易大学毕业，要单靠学问来谋生，恐怕也不是一件容易的事。要知道学问和赚钱完全就是两码事，这两者似乎没有什么关联。学问是那班有钱人搞的玩意儿。一个木匠的儿子，还是老老实实地做木匠活比较好。"

"可是，看他那样用功读书，实在有点不忍心。我们不能就让他这样在家里。看看父亲，再看看哥哥，他们都是有学问的人。瓦特既然喜欢看书，我们就不能毁了他。"母亲语重心长地劝说着父亲。

父亲终于有所动摇，在父亲的心中，又何尝不希望自己的孩子能够有出息，能够出人头地呢。

只是瓦特一直以来懦弱的性格让他隐隐有些担忧，所以才一直不放心他在外面独自生活。

父亲叹了一口气说道："好吧！等我出海一趟，这个夏季航海回来就凑足经费供他上学。"

在床上专心看书的瓦特不小心听到了父母的对话，他的心脏剧烈地跳动起来，脑海中不由自主地浮现起自己夹着书本，在那古色古香的大学校园穿梭的样子。

瓦特的梦想开始展着翅膀到处飞翔了。

出身于大家族的母亲，在格拉斯哥有许多亲戚，小时候母亲就时常带他到那儿去玩。

其中有一位在格拉斯哥大学文学院教授拉丁语的密尔黑特教授，在少年瓦特的脑海中，至今还留着印象呢！他家的书橱里摆满书本，书皮上的那些烫金文字，无时无刻不在少年瓦特的眼前闪耀着。

"哈哈哈！"瓦特不由得大笑起来。原来不知道什么时候，他竟幻想着自己已坐在那摆满着烫金文字的书橱前面了。

"瓦特，你过来，爸爸有点事情要和你说一下！"

一天，瓦特还是和往常一样在树林里看书，这个时候父亲走了过来，对他轻声说道。

"好的。爸爸，有什么事情要我做吗？"

"哦！不，不，我的孩子，瓦特，我和你妈妈商量过了，决定送你去格拉斯哥大学深造。爸爸今天就要出海去了，等我回来，就让你去大学读书。听着，我的孩子，我不在家的时候你要好好照顾妈妈，知道吗？"

"好的，爸爸。我知道了。"

瓦特很开心，父亲终于答应让自己继续读书了，这样的话他就能够在校园里学到更多有用的知识了。听说祖父当年就是在大学里面教书呢。

父亲已经出海运货去了，日子一天一天地过去，瓦特还是和以前一样，每天伏在工作台上，做那些金属物件的细活。空闲的时候，他就抱着书本看。

如果说真的有什么变化的话，那么就是瓦特的嘴角开始浮现微笑，仿佛心中有什么高兴的事情。

是呀，只要父亲这趟出海回来，就能够去格拉斯哥大学读书，这难道不是天大的喜事吗？

瓦特没有一个可以说话的朋友，也不像其他少年那样出去玩闹，他的乐趣，除了读书之外，唯一进行的户外活动就是钓鱼。

瓦特很喜欢钓鱼，或者说他喜欢钓鱼的过程。那是一个垂钓者和鱼儿之间斗智的过程，在这个过程中需要思考，需要判断，因此瓦特非常享受。

晴天的时候瓦特就提着渔具站在海边，如果是遇上了下雨天，瓦特也不会放弃钓鱼的想法。因为父亲的工厂就在海边，所以他就把钓鱼竿从东窗口伸到海面上去，照样开心地钓起鱼来。

有一天，瓦特还是和往常一样，先是打扫好庭院，然后拿着渔具走到海边，走到往常垂钓的那个地方去钓鱼。

克莱德河的河水缓缓地绕着弯，从上游流下来，绕过沙洲，可以看见一块岩石峭立的地方，那里就是瓦特专门选定用来钓鱼的地方。

瓦特放下渔竿，坐在岩石上，一边任由海风吹拂，一边幻想着在格拉斯哥大学就学的事情。

瓦特是一个天生的幻想家，他会幻想着各种稀奇古怪的事情，就好比自己上大学，这件还没有发生的事情，在他的脑海里已经形成了好几个版本的就学经历。

不知不觉间，天色渐渐地昏暗了下来，当瓦特回过神来的时候，海上已经变成了黑色，夜幕渐渐下垂了。

"哦！天黑了，我该回家去了。"瓦特收拾起渔具，站起身来，顺着原路回家去了。

刚刚到家，他就敏锐地察觉到今天晚上的情况和平时有点不太一样，妈妈没有和往常一样在油灯下做针线活，而是包裹着棉被睡在床上了。

"啊！妈妈！你怎么了？生病了吗？"

母亲轻轻地摇摇头，有点悲怆地说道："我没事，就是有点不舒服。瓦特，我的孩子，你这辈子恐怕都没有机会再上大学了。"

瓦特一听母亲这样说就傻眼了，一时之间他还没有明白过来这是怎么一回事，他奇怪地问道："妈妈，怎么了？发生什么事情了？"

"刚刚接到你爸爸托人传回来的快讯，你爸爸的船在海上出事了，我们的生意恐怕要破产了。我的孩子，你恐怕彻底失去上学的机会了。"

原来父亲詹姆斯那一只可以跑远洋的大帆船在海上遭遇风暴被风浪打碎了。

船上损失货物的赔偿，还有船员们的死亡抚恤，所有这一切，都要落到他这个船主身上。

詹姆斯的生意破产了。他只能变卖家产，该赔偿的赔偿，该抚恤的抚恤，咬着牙把这个苦果吞了下去。

母亲的心思都在儿子身上，本来想丈夫出海一趟给儿子赚足学费，却没有想到会发生这样的不幸。

瓦特虽然也被这个消息吓傻了，但是自幼跟着母亲长大的瓦特更为关心的是母亲的身体。

瓦特安慰道："妈妈，没事的，不能上学就不去上学了。你的身体怎么样？要不我扶您去斯密斯医生那里看看吧！"

母亲摇了摇头。詹姆斯刚刚破产，这个时候正是家里最需要用钱的时候，她不能因为自己的一点儿小病就去看医生，那样会连累这个家的。

可是到了第二天，母亲的身体不但没有恢复，反而更加衰弱了。瓦特没有办法，只能去请斯密斯医生来看病。

"医生，我妈妈的病情怎么样？"

医生什么话也没有说，只是摇了摇头，就走了。

就这样，一天、两天、三天，日子一天天地过去，母亲的病情一天比一天严重，好像蜡烛的火焰行将熄灭时的样子，一种生存的力量已从母亲的体内消失了。

"瓦特，不要悲伤。妈妈以前有个愿望，那就是决心要把你好好地抚养长大。如今你已经健壮地长大成人了，即便是我死了，也心甘情愿。"

母亲说完了这些话，貌似一点痛苦都没有，如同在做梦似的，四肢冰冷了。

母亲逝世了！

"妈妈——"

瓦特搂住母亲僵硬冰凉的尸体，叫喊个不停。由于这事发生得太突然，让瓦特没有办法接受。

母亲的死亡，对于瓦特的一生来说都是一次很大的打击。

他平日所梦想的格拉斯哥大学的事，就像沙滩上用沙子堆成的楼阁被波浪冲击一样，成为泡影了。

求学的经历

　　所有重大发明，都是通过观察事物最细微的部分和发现其
最细微的变化开始的。

——瓦　特

在钟表店辛苦学习

自从母亲去世之后，瓦特家的家运就一天比一天衰落。父亲不时地叹气，总是动脑筋想恢复过去的生活，结果由于做投机生意的关系，非但没有赚到钱，反而陷入了更深的泥淖中。

工厂里面虽然还是和从前一样热闹，可是情况已和从前大不相同了，不管是销量还是成品，和从前相比都大大降低了。

在这样的情况下，瓦特当然也不能再像以前那样悠闲地读书了，生活的压力不仅仅是让父亲愁眉苦脸，就连他也渐渐意识到了是需要独立自主的时候了。

"爸爸！我想去从事制造数学器具的工作。"

有一天，瓦特这样说。

瓦特会这样选择是经过深思熟虑的，他本身就热爱数学。而且在当时，正是英国的新兴手工业开始蓬勃发展的时代，虽然这可以说是即将来临的工业革命的先声，可是造成这种形势的原因之一，是因为从16世纪到17世纪之间，欧洲宗教骚动的关系。

尤其是法国、西班牙和荷兰，罗马教廷对新教徒的迫害非常厉害，新教徒们都被处以火刑或被杀。

那时，唯一的新教国是英国，因此，大家都纷纷地逃往英国避难。

在这些人里面，虽然也存在富有的商人或贸易商，但其中最多的还是具有手工业方面优秀技术的艺匠或工人。这些手工业者的移居对于英国工商业的发展，有着莫大的贡献。

就在17世纪的时候，钟表业脱离铁器制造业而独立，使得钟表业有着惊人的发展。

到了 18 世纪的中叶，英国制的钟表已经广泛畅销于欧洲所有的国家。

"我们以各式各样的钟表行销全欧洲。"这件事是自信心颇强的英国人所引以为自豪的。

在欧洲，没有一个国家的钟表技术能够与英国相提并论，英国是当之无愧的钟表业霸主。

钟表业是需要极精巧技术的行业，不久之后，就在这个需求特殊技术的行业基础上，又发展出来一个新的行业来。

这一种行业所包括的范围非常广，定规、尺、圆规等的数学工具当然不用说，其他有关航海或测量的器具，以及罗盘、测量高度用的象限仪、望远镜等各种天文学仪器，也都是经由数学器具业者的手制造出来的。

那个时候，最新的机械仪器的筹划或设计，全部都是经由数学器具业者的创意和技术而产生的。

而且以各大学为中心的科学家们的实验用器具，也全部由他们制造，在这个基础上便形成了一种科学理论的交流。

瓦特这个生来双手灵巧而又酷爱科学的孩子选择了这一行业，是一件理所当然的事。

"数学器具？好吧！既然你喜欢，那就做做看吧！"詹姆斯的生意在近期接连亏本，看见儿子想要独立，他也乐见其成。

"那么，您是肯答应我到格拉斯哥市去当学徒了？"瓦特惊喜地问。

"是的。"父亲答应了。

1754 年，18 岁的瓦特怀抱着激动的心情前往他梦想的格拉斯哥市。而在当时，所谓的格拉斯哥市，其实还是一个极其宁静而又陈旧的小城市。

格拉斯哥连一份报纸都没有，街头上所能够看到的报纸通常都是从伦敦来的。如果你在格拉斯哥能够看到一个星期前的报纸，那已经算是最新的了。

大街上没有咖啡店和戏院，也没有图书馆，除了酒店之外，民众集会场所也没有，更不用说公园等其他公共设施了。

因此，市民如果想要交流，就只有跑到俱乐部去，大家挤在一起，共同看一张报纸，交换各种新闻。

在当时，格拉斯哥最主要的实业是烟叶行业。每年从美洲殖民地输入英国的 9 万箱弗吉尼亚烟叶，其中就有 4.9 万箱，也就是一半以上都是通过格拉斯哥输入的。

走遍全市，所能看到的主要建筑物除了教会就是大学，再就是酒店，连个像样的工厂都没有。

由于这个关系，虽然瓦特抱着很大的志向来到格拉斯哥，但是找遍了全市都找不到一个精通制造数学器具的工厂，只有一个挂着"眼镜商"招牌的商店而已。

没有办法之下，瓦特只好到那里请求做个学徒。其实那是一家万能商店，除修理眼镜之外，也兼制简单的制图机器，以及从事提琴的修理或风琴的调音，而且还兼卖渔竿或钓鱼用具。

眼镜店的师傅因为意外地得到这样一个好弟子而感到非常高兴。但是对于瓦特来说，在眼镜店他根本就学不到任何有用的东西。

即便是这样，瓦特还是在那家眼镜店里待了差不多一年的时间，直到后来遇见了在格拉斯哥大学任教的迪克博士。

迪克博士几次来到商店，他对瓦特那灵巧的双手感到惊奇，而且对于他随时都能对答如流的敏锐头脑赞叹不已。

迪克博士心想："就这样让一位杰出的青年埋没在小城里，实在太可惜了！"

"瓦特先生，你是一个优秀的年轻人，你的头脑和双手让我感到很惊奇。上帝是如此的精妙，造就了先生这样的奇才。说实在的，你老是跟着那样的师傅，不会感觉是在虚度光阴吗?"

"迪克博士，说真的我也有这种感觉，可是又有什么办法呢?除了这里，格拉斯哥再也没有第二家商店或者工厂能够看到数学器具了。"

"到伦敦去吧!"迪克博士淡淡地说着，在他眼中好像去伦敦和去一个平常的城市没有任何区别。

但是瓦特在听了这句话却把眼睛睁得圆圆的，因为在当时，大家都以为伦敦是远在天边呢!

"是的，你如果想要从事制造数学器具的工作，就只有到伦敦这一个地方。"

"可是……"

"年轻人，我知道你在担心什么。如果你真的有心要去的话，我一定尽我的力量来帮助你。伦敦市内我有一个很好的朋友，我可以替你介绍。"

天啊!到伦敦去!瓦特惊喜得心跳加速。

首都伦敦，是每一个有志气的男儿向往的地方啊!

这件事情要是放在以前，那是瓦特想都不敢想的事情，但是现在，看见一脸真诚的迪克博士，瓦特觉得自己似乎找到了人生奋斗的目标。

怀抱梦想前往伦敦

"爸爸！请您允许我到伦敦去！"

看见儿子从格拉斯哥回来，父亲詹姆斯以为发生了什么大事，知道有学者愿意帮助儿子，而瓦特也渴望前往伦敦学习数学器具制作后，父亲沉默了。

"伦敦太远了，格拉斯哥不行吗？"

"不行。迪克博士说只有伦敦才有制造数学器具的专业师傅，而且他还亲自为我写了封介绍信呢！"

"真是一位善良的学者呀！不过，瓦特，伦敦这地方在遥远的海的那边，这不是和去外国一样吗？"

父亲说的话是有道理的。原来在 1701 年以前，苏格兰和英格兰还是相对独立的两个国家，它们的合并只不过是 50 年前的事，尤其是思想陈旧的苏格兰人，始终不把伦敦当作是他们自己国家的首都呢。

瓦特想要去伦敦，这件事如果是在三年前也许没有问题，但是自从妻子阿哥娜丝死后，竟使这位鳏居的詹姆斯连资金的周转也感到有点困难。

先是远洋航运生意的破产，之后又是投机生意一度失败，家境一落千丈，再也不复之前富裕的水平。瓦特如果要去伦敦学习，那么这来回的旅费，还有瓦特在伦敦生活每个月的生活费，这些钱又要从哪里来呢？

而这些问题，都让父亲感到深深地忧心。

不过好在这个时候的瓦特也已经逐渐懂事，他知道生活的不容

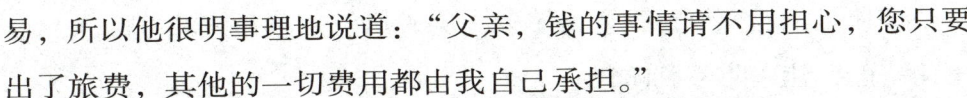

易，所以他很明事理地说道："父亲，钱的事情请不用担心，您只要出了旅费，其他的一切费用都由我自己承担。"

"一切等到了伦敦再说！"年轻的瓦特单纯地这样想。在他爱幻想的脑海中，伦敦是一处繁华的天堂，他想要在伦敦赚钱，应该是一件十分容易的事情。

"好吧！"父亲终于为儿子的热忱所打动了，"不过，我只给你筹集去往伦敦的旅费，其余的费用你就要自己想办法了。"

"没有关系。不过，请允许我在伦敦学习至少一年的时间。"

父亲终于答应了瓦特的要求，差不多有一个月的时间，瓦特都在收拾自己的行李，忙得头昏眼花。

1755 年的 6 月 7 日，19 岁的瓦特动身前往伦敦，与他同行的是一个叫作约翰·马尔的海军军官。他是瓦特读初中的时候教他数学的那位老师的儿子，名字也和他父亲一样。他这次到伦敦去，是为了到停泊在泰晤士河上的"汉普顿宫廷号"军舰上服役的。

瓦特曾经是那位数学先生的得意门生，这次能够和他的儿子一同前行，自然是一件很惬意的事情。

瓦特小心地用双层信封把迪克博士的介绍信收藏在他的怀中，一刻也不敢放松，并把它藏在衣服内较为安全的兜里。

这封信是迪克博士为瓦特写的介绍信，信件是给迪克博士同乡的长辈，一位叫作萧特的长者。

"不知道萧特先生会以怎样的态度来对待我。"瓦特心里微微有些不安地想着。

当时的交通非常的不方便，没有飞机，也没有汽车，唯一安全的交通方式就是骑马。

当然，海路交通工具也不能说没有，可是问题在于海路交通的危险性太大。主要原因是大海中常有暴风雨，一不小心就会连人带船一起沉没。

即便是帆船操纵得很好，平安地突破风浪，可是海峡中时常出没的海盗船，让人防不胜防。

对比陆路交通和海上交通，虽然陆上道路险阻难走，但是却比海上交通来的安全得多，所以一般人前往伦敦都是选择陆路交通。

以现在的汽车来对比，从苏格兰到英格兰用汽车只需八九个小时就能到达，而在当时，骑着马即使不分昼夜地奔跑也需要耗时 12 天。此外在当时还有把星期日定为安息日的规定，星期日这一天是禁止人们旅行的。

瓦特他们一到星期日，上午便到旅店附近的教堂去做礼拜，下午则躺在床上谈天来消磨时间。

马尔比瓦特要大上几岁，生活经验比瓦特丰富得多。这两个年岁上差不多少的年轻人，一路结伴而行。

从格里诺克动身以后，首先是经过戈德斯特里姆和伯里克，到达英格兰的北部重镇纽卡斯尔，然后沿着当时北方最好的交通道路直线南下。

6 月初的英国，算是一年中气候最好的时节，天气通常晴朗，这给旅行的人们提供了不少便利。

瓦特和马尔的骑马技术都不算是很高明，一路上边看风景边聊天，用了将近两个星期的时间，他们才达到伦敦。

想在一年内完成学业

到达伦敦之后，瓦特就和马尔分开了。

"到了伦敦，能够找到师傅就好了，不然的话，仅有的旅费也管不了什么事。一到那里，虽然可以马上把马卖掉，换一些钱，但是所有的钱恐怕还不够一个月的旅馆费用呢！"

离开故乡的时候，父亲所说的那些话，到底是对的。

"到了伦敦就好像到了外国一样！"

一路上这句话不断地震动着瓦特的心弦。

"对不起，请问斯特兰德街怎么走？"

首都伦敦是一个大都市，瓦特初来乍到，分不清楚东南西北，只能拦住一个路人有礼貌地问道。

伦敦的人们纷纷以惊异的眼光看着这位用苏格兰土音问路、穿着土里土气的青年。

虽说同样是都市，但伦敦的街道和格拉斯哥截然不同。瓦特好不容易才找到斯特兰德街，并且打听到萧特数学器具店的所在，恭恭敬敬地把迪克博士的那封介绍信送给他看。

"从遥远的苏格兰来的吗？什么？想学习制造数学器具？原来这样。你是迪克博士特别介绍来的，他的人品我信得过，无论如何我都会好好地照应你。"

萧特看完了迪克博士的介绍信之后，对于瓦特的条件基本上表示满意。在他心中，瓦特实在是一个很不错的孩子。

萧特盯着这个体格瘦小，但样子倒很诚实且有耐心的年轻人，像在探索什么似的，忽然，他问道："瓦特！你在苏格兰学习多久了？"

"说起来，我从小就喜欢这些细活儿，在还没入小学之前，就已经在父亲的工厂里工作了。从学校毕业之后，也一直都在父亲的工厂里工作，后来又在格拉斯哥的一家眼镜店服务了一年。"

"嗯！这么说，你已经具有普通的手艺了。"

"是的！我这次特地向父亲要求了一年的时间来伦敦，就是为了学习数学器具的制造。"

"什么？只有一年你就要把数学器具学会?"萧特吃惊地瞪着眼说。

"啊！萧特先生！是不是一年不行?"

瓦特有些不安地问道，出门前他只向父亲央求了一年的时间在伦敦学习，如果需要两三年，那么这一大笔的费用又该怎么解决?

"不是这么说，只要把基础打好，那就没有什么学不来的了，只不过这关系到职业工会的规定呢!"

看见瓦特一脸的迷惑，萧特只好把伦敦职业界的状况，详细地告诉了瓦特。

当时的伦敦，在欧洲来说也是首屈一指的手工业中心，但在组织方面，还是因袭着中世纪的徒弟制度。

在伦敦，最具权威性的机构就是职业工会。在伦敦，只要是想要学到点什么技术的人，除了找个精通此道的师傅拜师学习之外，没有第二种办法。

职业工会制定的学徒期限是七年，服务期满之后，才算得上是一个正式的工人。而在这些工人当中，较有才识的，只需要缴纳一定的金额，经职业工会许可后，就能成为师傅。一旦成为师傅，就可以在伦敦市内自由开业。

以职业工会所分的徒弟、工人、师傅三级来说，其中，以师傅的地位为最高，对于职业方面的一切事情都有权力过问。但要到达师傅的地位，至少需要七年的时间。

当然，不是所有师傅对于他们所从事的职业都很精通，各人有各人的专长。尤其是像数学器具那样精密的工业，更需要有特殊的技术才能做好，但这种人才却少得可怜。

有了迪克博士的介绍，萧特在心中是非常愿意收留瓦特做徒弟的，但是萧特却不能这么做。

因为瓦特已经有了这方面的基础，而萧特所能传授给瓦特的本事，也不过是数学器具制造的一小部分而已，这样是远远不能满足瓦特的。

瓦特来伦敦的目的是想再学习一年，希望能学到各种各样数学用具的制造技术。

萧特感到很为难，他是一个负责任的人，况且还是自己的同乡晚辈托付他照顾瓦特，就更应该为他找一个具备真才实学的良师了。

"现实的情况就是这样，以你的情况想要找个好师傅是困难了一点。这样吧，你先在我的店里住几天，自己在伦敦街头找找，我也出去帮你联络联络看看。"

瓦特也很懂事，从第二天开始，他就开始在伦敦的街上到处奔走，希望能找个师傅收自己为徒弟。

可是跑了好几家，得到的答案都是一样的。这些师傅不肯收瓦特的主要原因，是因为瓦特只在伦敦学习一年，之前是在钟表店内工作，不算是正式的学徒。

如果从现在开始学习，年纪已经有些偏大。如果把他当作是一个出了徒的工人留下干活，又不符合伦敦职业工会的制度。

伦敦职业工会一直以来都有非常严格的管理制度，从本质上来说，这其实是一个排他性的组织。凡是有七年的工龄而没有正式加入这个工会的人，则被称为"他乡人"。

职业工会这样做是为了防止他人闯入这个圈子，妨碍到伦敦本地人的生活和工作。从某种意义上来说，这是一种不正当竞争。

瓦特这种只求学一年的做法，从一开始就破坏了职业工会例行的七年徒弟制度，只凭这点已足够使伦敦的师傅们愤怒了。

在内心中排斥瓦特之后，瓦特的一切能力就都被忽略，即使瓦特在格拉斯哥已经具有相当的工龄，但这里是伦敦，必须遵守职业工会的规定，工龄需要重新开始计算。

此外，瓦特是苏格兰人，并不是伦敦本地人，在职业工会眼中，这可真的是一个双料的"他乡人"。

伦敦职业工会还有一个残酷的规定，那就是非正式的工会会员是没有市民权的，对于一个没有市民权的"他乡人"来说，即使失业，变成街头流浪者或乞丐，甚至最后饿死等恶劣的情况，也都是没有办法享受政府保护的。

在伦敦所遭受的冷遇，出乎瓦特的意料。在来到伦敦之前，这个天生爱幻想的年轻人曾经梦见过无数种可能，但是却独独没有想过找不到师傅这种情况。

职业工会的苛刻要求让瓦特头一次感觉到现实是这么的残酷。只认"文凭"不认人的现象，让瓦特觉得有些心灰意懒。

"别气馁，年轻人。要相信自己，伦敦这么大，你一定可以找到一个好师傅的！"

好在有萧特先生的鼓励，瓦特才重新拾起信心。是呀，首都伦敦是欧洲手工业之冠，这么大的一个城市，总会找到一个优秀的师傅的！

不分昼夜地学习

功夫不负有心人，瓦特那种坚忍不拔、锲而不舍、忍辱负重的精神，终于给他带来了回报。科斯希尔地区的仪器制造商莫根先生终于被瓦特的真诚所深深打动，他最后决定，同意收瓦特做自己的亲传徒弟。

莫根是一位知名学者，他在伦敦有着很高的声望，他又是一位著名的数学家，同时也是一个能全面掌握机器操作技术的优秀工人。

在仪表制造这个行业里，像他这样理论与实践都精通的能手并不多见，因此莫根当之无愧被人认为是这个行业的佼佼者。

1752 年，在西班牙国王的要求下，莫根为国王精心制作了一副反射望远镜。但莫根却仅仅收取了 1200 英镑勉强够制作成本的费用。这一事件当时即在同业中被传为美谈，以至于后来人们每每谈及此事，都对莫根赞不绝口。

也正是因为莫根先生的名气很大，所以他才有胆量敢于挑战职业工会的各种制度。要知道，在当时除了他，几乎是没人敢向职业工会提出任何异议的。

职业工会曾经有一条明文规定："任何外来人，不管他是外国人还是英国人，都不允许加入钟表仪器这个行业，也不允许在这个行业当学徒。"

很明显，职业工会之所以规定了这一条，就是想要通过垄断技术，为他们谋取更多的利润。

莫根虽然已经答应了收瓦特做徒弟，但是他也提出了相应的要求。

"瓦特先生！伦敦职业工会的情况相信你也清楚，我收你做徒弟毕竟是违反工会规定的，所以我们这边也有个条件，希望你能谅解。"

"莫根先生！您能收我是我莫大的荣幸，有什么要求请您尽管说，我一定努力办到。"

"是这样的，虽然我违反工会要求，但是为了减少不必要的麻烦，也为了保证你的学业，你必须先付 20 个基尼，因为工会不知道什么时候会来找麻烦。"

"此外，你这一年在我这里学习，我不会给你支付一分钱的工钱。不过，既然你已经是我的徒弟，我当然会把全部的技术传授给你。"

莫根先生的要求对于原本想到了伦敦以后，一边学习一边自立的瓦特来说，无疑是一个沉重的打击。

但是，如今事情发展到了这个地步，瓦特想，自己除了在莫根的店里工作，已经没有第二种选择了。

那么现在，莫根的店面已经是瓦特学习数学仪器制造唯一的希望了，如果他拒绝了，几乎都没有什么地方可以安身，还谈什么立命呢?!

"好，我马上写信给家乡的父亲，叫他寄钱来。以后还请多多指教。"瓦特毫不迟疑地答应了下来。

在给父亲的信件里面，瓦特这样评价他的师傅说：

"虽然他主要是一个黄铜匠人，但是在这门行当的许多方面，他能教会我很多东西，比如各种产品的规格、比例和象限等。"

在家乡的父亲接到了瓦特的信件以后，砸锅卖铁地给瓦特筹集了 20 基尼的保证金以及一些必需的生活费。在信中父亲告诉他只管在伦敦静下心来好好学习，其他一切事都不应该成为阻碍他学习进步的障碍。

这样一来，瓦特终于可以毫无顾虑地进入莫根先生的店面当学徒了。

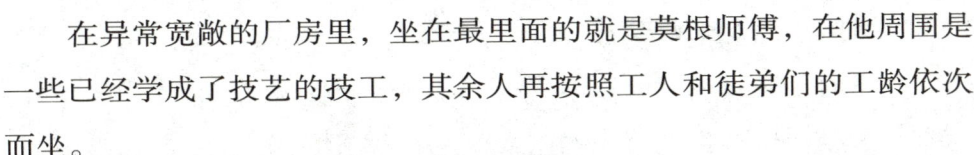

在异常宽敞的厂房里，坐在最里面的就是莫根师傅，在他周围是一些已经学成了技艺的技工，其余人再按照工人和徒弟们的工龄依次而坐。

新进来的瓦特，当然是坐在最末位了，他恰好就坐在进口的门边。即使把门关上也会有风从门缝儿里吹进来。可是在盛夏的时候，总会有强烈的阳光由门缝里透进来，热得令瓦特简直都受不了了。

店里如果有客人来，瓦特还要去充当接待，或者就是站在旁边以供别人随时使唤。此外，店里的工人或徒弟们也都对瓦特施以白眼，他们总是在寻找各种机会来欺侮瓦特。

"太张狂了！我们要花费七年的工夫，他却想在一年内学会，真是太欺负人了。"

在伦敦的一年里面，瓦特给自己的生活节奏安排得比任何时候都紧张。他下定决心要在一年之内，掌握别人需要花费七年才能学会的各种技术。所以，他必须要兢兢业业，埋头苦干。

师傅的耐心指导，加上他原本的功底，再加上后天的辛勤努力，瓦特的付出终于有了回报，瓦特的手艺进步很快。

尽心于工作的瓦特，看到师傅或是工人们停下工作闲聊的时候，总是跑到他们的面前，弯着腰把工作接过来做。但是，即便他这样做，还是有些坏心眼儿的工人们，觉得瓦特那种很重的苏格兰口音很好笑。

"什么？说清楚点，我们根本听不懂。"

工人们经常故意叫瓦特把同样的话重复几遍。末了，大家还要来个哄堂大笑，以此来取笑瓦特。

瓦特对于这种侮辱，一直是忍气吞声。他在心里暗暗下定决心，总有一天会让这群目光短浅的工人们刮目相看的。

一个星期过去了，十天过去了，店里的一切瓦特都默默地忍受了下来。一直到差不多一个月之后，店里才没有工人再拿瓦特开玩笑了。

因为瓦特工作的样子是那么的老练！他比工人中间的很多人都要熟悉工作台，而对于仪器的操作，他更是掌握得炉火纯青！

8月初，瓦特就赶紧着手哈特莱象限仪的工作了。可是月初开始的工作，在那个月月底瓦特就把它圆满完成了，他比那些有两年工龄的工人做得还要好。

"别看他是个乡下人，本事倒还不小。"

工人们低声地互相议论着，但是瓦特对于外界的变化一点都没有理会，他还是默默地一个接一个地着手新的工作。

10月，瓦特完成了定规；11月他又做完了方位罗盘。

瓦特依次完成了各样仪器的制造。

就在瓦特的埋头苦干中，伦敦的雾也渐渐浓了。真是岁月如梭，在不知不觉中一年一度的圣诞节又悄然来临。

伦敦的严冬，毫无情面地严重地侵袭着这座城市，也侵袭着瓦特的身体。

每当到了冬季，那刺骨的凛冽寒风，总会从门缝不失时机、毫不客气地吹进门来，就像一支冷箭，直射入瓦特的身体。

然而，瓦特还是紧缩着他那瘦弱的身子，拼命地工作。

工厂内虽然也有火炉这类取暖装置，但是从火炉中所发散出来的那点有限的暖气，总要等到中午的时候，才能布满整个工厂。

在早上或者是晚饭之后，坐在工作台上的瓦特，经常被冻得浑身发抖。他那根拿着卷尺的手指头常常被冻得僵硬而失去知觉。

一天的工作完毕之后，一钻进冰冷的被窝里，瓦特立刻感到背脊沟儿有一种抽筋似的疼痛。伦敦城那阴冷潮湿的空气，已经深深地侵蚀着瓦特的身体，致使瓦特后来一直为严重的神经痛所困扰着。

近20岁的瓦特，已经懂得生活的艰辛，他的生活过得十分清苦。因为他知道自己的生活费都是父亲费尽心思四处周转才得来的，所以，他在生活上必须要节俭再节俭，精打细算。

瓦特每个星期只安排8个先令的开销，绝对不会浪费一个铜板。

他每周要在莫根先生的店面里面工作五天半，每天都是从清晨一直工作到晚上21时。这么长的工作时间，往往会把瓦特累得筋疲力尽。

回到寝室以后，瓦特还是舍不得时间睡觉。他要利用晚上到清晨的这一点时间揽点零星的修理活，给自己赚取微薄的生活费。

而事实上，瓦特经常是饿着肚子的。实在饿到没有办法的时候，瓦特就只好喝水。

星期六的下午到星期日，是店里休息的日子，店里的青年们总是三三两两地到热闹的地方去玩，瓦特只是默默地目送着他们出去。

虽说他在伦敦住快一年了，但是一次也没有到市内去观光过，连皇宫在什么地方、有名的圣保罗教堂在哪里，他都不知道，因为他从未走出过莫根家。

没有钱，是最主要的原因，另外还有一个更加重要的原因，是因为当时的伦敦不太平，经常有海军抓壮丁或者拐卖人口的事情发生，使人们生活在一种恐怖的气氛当中。

一天晚上，过了21时，瓦特正在清扫工厂的时候，忽然听到外面传来"啪啦啪啦"的脚步声。

"停！"

"啊！"

这种说话声音他听得很清楚。

"咦！怎么回事？"

瓦特从窗口望去，只见一个警察拿着棍子在追赶一个年轻人，当警察发现那个青年躲在阴暗的墙角下时，就很粗暴地追上前去把他给抓住了。

"什么事情？是不是抓小偷？"他吓得连忙向周边的人打听。

"不是，这是水兵强募队在抓人嘛！"工人若无其事地回答。

当时正是英国和法国七年战争的时期，为了争夺北美和印度等海外殖民地，英国和法国大动干戈，战争连年。

"英国的舰队，天下无敌。"

"海是神为英国而设的。"

号称海上巨无霸的英国无敌舰队，竟在密诺小克湾被法国的海军打得一败涂地，前线战场一度失利。

为了弥补前线所需要的兵源，英国政府不得不在海岸地方，实施《水兵强募法》。

这样一来，伦敦的街上，一到晚上，水兵强募队就开始活跃，但凡是看到独身的男子，他们就不管三七二十一抓去当水兵。有时，一夜之间竟抓到一千多人！

"可是抓了这些没有海上经验的人，又有什么用呢？"

"什么？海上的人和陆地上的人不都是一样吗？还好，这里是自由区域，你可以暂时安心一下。"

"在自由区域内所抓到的人，照例是先带到市长那儿，经证明确实是一个正当的商人、工人或是徒弟的话，便能受到市长的保护，可是你呢？"工人瞧着瓦特的脸说。

可怜的瓦特，是个没有市民权的"他乡人"，即使是在自由区域内工作，也是危险的。

"这样太危险了，最好还是不要出门。"瓦特心里害怕地想着。

相比这些可怕的水兵强募队，伦敦市内更加恐怖的势力是专门贩卖人口的"人蛇集团"，他们把国内诱拐来的人口，主要是外来的打工者，每个人以若干佣金卖给东印度公司。

没几天，这些人就被送到海外的殖民地去，像奴隶一样被役使，结果，多半会因支持不住而病倒或死在当地。

东印度公司在伦敦市内各处设有收容所，专门收买这类青年，而其幕后又有官方为它撑腰。

在这种混乱不安的局面之下，即使有钱又有闲工夫的人，也不敢出门。再说瓦特这种没有市民权的外来者，没有比伏在工作台上专心地研究制造数学器具更安全的事了。

在给父亲的一封信中，瓦特这样描述当年伦敦抓壮丁的情景，他这样写道：

> 现在，他们对能抓到的任何人，不管是陆地上的"旱鸭子"，还是熟悉水性的海员，都被强迫地逼着去当海军。只要在伦敦城的辖区里，他们必须把抓到的人先送给市长检查，然后才允许把那些不受保护的人带走。也就是说，在那些被抓到的人中，只有能证明自己是学徒或者是可靠的商人，才有可能被放掉。
>
> 假如我被他们抓去见市长的话，我还不敢承认自己是在伦敦工作的，因为我是一个没有取得市民身份的人。在他的辖区内工作，即使是在那里打短工，也是违背他们的法律的。

从这封信中，我们可以看出瓦特当年在伦敦过着怎样提心吊胆的生活。

瓦特躲过了伦敦街头动荡的危险，以惊人的速度学到了手艺。

自进入莫根的店里做学徒以来，刚好是九个月，那一年的三月，瓦特就已经能够做和老资格的工人一样的工作了。

在写给父亲的信中，瓦特骄傲地说："我现在已经能够靠我自己的力量来谋生了。"

到了将近一年的时候，他所做的器具已经能够和师傅或其他工人们的制作品，同样摆在市场里的货架上了。

瓦特终于达到了在一年当中学完数学器具制造的愿望，成为一个正式的工人。

1756 年 7 月，瓦特和莫根的契约到期了，瓦特拜别了尊敬的师傅，又和经常照顾自己的萧特先生道别，踏上了回家的旅程。

21 岁的瓦特，轻舞着马鞭，从英国本土的中部，一直往北而行。他的旅行袋里，放着一本比奥莱所写的《数学器具的制造和使用》，以及他花了差不多 20 镑的代价买的许多开业所必需的材料或用具，雇船载回故乡格里诺克。

风华正茂的瓦特，踏上了返回苏格兰的漫长道路，去迎接新的生活挑战！

从伦敦学成归来

"瓦特！你回来了！"父亲微笑着迎接分别了一年的儿子。

"爸爸，我已经学会了一般的数学用具的制造技术了。"瓦特自豪地对着父亲宣告自己这一年来的学习成果。

"爸爸，你这一年里面过得怎么样？身体还好吗？"

父亲亲昵地摸摸瓦特的头，说道："我很好，不过你的身体又消瘦了。好了，什么都不要说，你先休息一段时间，把你的身体好好地调养一下再说。"

这天天气非常暖和，阳光笑嘻嘻地伸出温暖的双手，轻轻地推开了千家万户的门窗。

"瓦特，今天很暖和，起来晒晒太阳吧！"父亲詹姆斯从院子里走进瓦特的房间。

瓦特已经自己坐起来了，他正在穿衣服，看见父亲，他轻轻地回答："是吗？我也感觉到今天很暖和哩！"

詹姆斯看到瓦特穿衣起床，动作那么利索，心里一阵欣喜，忙上来扶他，帮助他把衣服穿好。瓦特吃了早点，就在院子里一面晒太阳，一面看书。

突然，瓦特听见一阵银铃似的说话声，是谁在跟父亲说话呀？他静心听着，这声音怎么这么熟悉，这么亲切。他正要转过头来张望时，爸爸喊起来了："瓦特！瓦特！你看谁来了！"

"表哥，你好！"

"玛戈蕾特！"瓦特心里一阵惊喜。

"身体好些了吗？"表妹问他。

"嘿，好多了，"瓦特见她长得这么亭亭玉立，完全不像只蝴蝶，倒很像一只温驯的小鸽子了，心里感到异常的兴奋。他疑惑地说："你怎么知道我回家了？"

"问你自己嘛！连封信也不给！"玛戈蕾特嗔怪地说，"我给你写的信退回来了，我才知道。"

"对不起，我不想让你为我担心。"瓦特略带歉意地说。看见表妹一个人，他又问道，"姨妈呢？姨妈怎么没有来？"

"妈妈本来要和我一道来的，正巧要动身时，爸爸的一位同事来了，她没法来。"

"你别让她来了，过几天我会去看望她老人家的！"

瓦特今天精神特别好，表妹的到来，仿佛往他身体里注进了一股生命的活力。两个人不停地说着、笑着，从生活谈到学习和工作，从格里诺克镇谈到伦敦，天南海北，想到哪儿就谈到哪儿，两人比以前谈得更投机了。

不一会儿，父亲来喊吃中午饭了。玛戈蕾特赶忙到厨房里去帮忙。爸爸端着满满一大盆炸牛排放在桌上，瓦特高兴得跳起来说："爸爸！你从哪里弄来这么好的牛排？莫非是你变的戏法？"

"我又不是魔术师，哪来那么大的本事？"爸爸说。

"啊！我知道了，你是知道表妹今天要来，所以特别准备的。"

"你以为这牛排是爸爸特意为你表妹准备的吗？"父亲意味深长地说，"这是你表妹知道你爱吃，特意给你送来的哩！"

"不，是妈妈叫我送来的！"玛戈蕾特急忙分辩，可是那满脸的红晕和羞涩的眼光却把一切都说明了。

"玛戈蕾特！你送也好，你妈妈送也好，还不是一样吗？"爸爸笑着，转身又去厨房了。

玛戈蕾特不敢向瓦特望一眼，瓦特却埋头吃了起来。两个人光吃东西，一句话也没有说。看见爸爸没有出来，瓦特轻声问道："你怎么知道我爱吃牛排?"

"你怎么忘了,那次你在我家里,吃了一大块还吵着要,可我连半块也吃不了。"

"哦!"瓦特想起来了,那已经是八九年前的事了。

他感动地说:"想不到你还记着哪!"

玛戈蕾特没有出声,只含情脉脉地望了望他,把头低了下来。

玛戈蕾特来看望过瓦特以后,瓦特的身体恢复得更快了。

实际上,瓦特的身体一直不见得有多健康,而且这一年之中不间断地工作,也使得他本来就不怎么强壮的身体变得更加疲惫。

从伦敦返回到格里诺克之后,瓦特在家乡度过了整个夏天,年近花甲的父亲,给了他深深的父爱和周到的照顾,而且表妹的看望也让瓦特的心情变得开朗起来。

这次难得的休息机会,使得瓦特疲惫不堪的身体和过于紧张的神经,得到了彻底地放松和康复。

转眼间,夏去秋来,苏格兰的秋天,天高气爽景色宜人,各级学校在经过了炎热的暑假之后,也都相继开学了。过惯了学徒生活的瓦特,似乎也觉得自己应该开始工作了。

在大学开设商店

为了开始崭新的生活，瓦特先到了格拉斯哥。他此去的目的是去拜访一年前曾给予他重大帮助的迪克博士。

"瓦特先生，你可来了。我们正等着你回来呢！"

"什么事？"

"是这样的，曾经在本校就读过的一个学生叫亚历山大，他毕业以后就开始步入了经商领域，这些年也取得了一些成就。

"大约在一个月前，亚历山大在牙买加购买了一批天文学用的仪器赠送给母校。但就在仪器搬运过程中，海面上突然刮起了海风，海水海浪也不留情面地光顾了这些仪器。这次海风致使这些贵重的仪器有的地方生起锈来，有的地方也明显受损。"

"哦！"

"这得马上着手修理才行的，偏巧格拉斯哥又没有一个专门的数学仪器工人，我们正在为此事而感到头疼呢。现在，正巧你回来了。怎么样？能不能去做做看呢？"

"好的，先去看看仪器再说！"

对于瓦特来说，这是检验他在伦敦所学效果的一个绝好的机会，他立刻意识到这次机会对自己的重要性，于是毫不犹豫地向迪克博士承诺了这项工作。

在大学里面，学校给了瓦特一个独立房间，瓦特就坐在面对着校园的工作台前工作。

他把每一件天文仪器都清洗了一遍。对于生锈的或者损坏的仪器，他也精心地将它们修理，或者装上全新的配件。

这批天文学仪器从拆卸、清洗，到修理、组装，全由瓦特一个人完成。

每天，在他的面前来来往往的全是教授和学生们。由于天文系在格拉斯哥大学是新近才设立的，所以瓦特所修理的仪器，对该校来说，还是很稀罕的东西。

因此，常有人拿着实验仪器来对瓦特说："对不起，瓦特先生，请你帮我看一看。"

到了那一年的年底，迪克博士所委托修理的天文仪器，瓦特都全部完工了。瓦特从学校得到了五英镑报酬。

这在当时是一笔可观的收入。对于瓦特来说，他最大的收获或许还不在于这五英镑的报酬，而是通过这次修理工作，展现了他非凡的技能，使得他和这所大学紧密地联系在了一起。

当瓦特完成了修理这批天文学仪器的工作时，一年一度的圣诞节也快到了。

在欧洲，人们不管是不是虔诚的基督徒，对于圣诞节这个传统的家庭团聚节日，都是十分重视的。

瓦特告别了他在格拉斯哥大学的好友，回到了格里诺克父亲的身边。

三年前妻子的去世给瓦特的父亲以沉重的打击。从那以后，父亲就显得异常的衰老了。加之以后一连串的生意失败，更是让他心灰意懒。但是为了给予瓦特足够的生活费，让儿子安心地在外面发展，身为一个称职的父亲，他不得不打起精神想方设法地筹钱。

现在，不管父亲心中愿意不愿意，接受不接受这一现实，他都已经老了，这个家到了需要依靠年轻的瓦特来支撑的时候了。

瓦特为了能够照顾年迈的父亲，选择了在格里诺克生活。

但是，格里诺克是一个名不见经传的小城镇，那里没有城市的繁华，除了在港湾停泊的机制船舶仪表需要修理之外，其他方面的主顾更是寥寥无几。

看到这种情况，父亲不能再沉默下去了，他不能因为自己而连累到儿子的前途，父亲通情达理地劝道：

"儿子，你不能总在格里诺克，长久下去会荒废了你的手艺的。去吧！去格拉斯哥，勇敢地去闯荡一番。爸爸还不算太老，我还能照顾自己。"

瓦特经过再三的考虑之后，终于决定听从父亲的劝导。

人就是这样的，很多时候在家庭和事业间必须偏重其一，更多时候是不能同时兼顾的。但是如果真能干出来一番事业来，不是也能安慰父亲吗？

1757年8月2日，瓦特把开店的准备工作一一弄妥，就回到了格拉斯哥。他此次回来，再次受到那批在当地颇有影响的朋友们的热烈欢迎。

瓦特在一条小街上租了一间房子做店面，就这样开始了他的营业生涯。

第一天，生意并不好。

第二天，就接了好几桩生意。

到了后来，人们见他的手艺挺好，就纷纷前来让他维修仪器。瓦特的心里简直是高兴极了，他的兴奋之情简直无以言表。

一天早晨，瓦特刚刚开始营业，突然闯进来两个人，粗声粗气地说：

"喂喂，这店里谁是主人？"

"我就是。"瓦特打量着他们说，"请问，你们是？"

"我们是工会的干事，奉会长之命，向你了解情况。"

"有什么事，请说吧？"

"请问大号是什么？"

"我叫詹姆斯·瓦特。"

"瓦特先生，你在这里营业，参加工会了吗？"

"没有！"

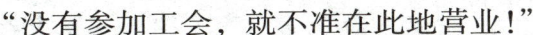

"没有参加工会，就不准在此地营业！"

"可是我在这儿营业，是经过批准的。"瓦特拿出一张纸说，"请看，这是我的营业执照！"

"光有营业执照不行！"那两个人特别横。

"那我现在就参加工会好了。"

瓦特没有想到就连格拉斯哥这样一个新兴的都市，也因袭着工会这种古老的制度！

不过，在这种情况下他也没有别的办法，只能去申请加入工会。

事情的发展再次出乎瓦特的预料，没有过多久，工会下达了通知说不许可。

工会的理由是瓦特先生不仅是个"外乡人"，还是一个没有格拉斯哥市民权的人。

其实，真正阻拦瓦特进入工会的原因是工会里那些师傅们怕技术高超的瓦特抢了他们的生意。

瓦特心里十分愤慨，但是又有什么办法呢？

在那个时候，瓦特所能依靠的人，就只剩下了那位一直很赏识他的迪克博士了。于是，瓦特再度跑到格拉斯哥大学，把事情的经过跟迪克博士讲了一遍。

迪克博士听说了这件事情以后很是愤慨：

"那些卑鄙的家伙！不要紧，瓦特！我绝对尽力来帮助你。"

格拉斯哥大学成立于 1451 年，是英国有名的高等学府之一，从中世纪起，它就是一座文理医工并重的综合性大学。

大学是做学问的地方，历来被称为"象牙之塔"，市侩气息不浓，所以大学教授和普通工匠成为好朋友，并不是什么稀奇的事情。

迪克博士向学校提出了申请：

"很久以来，我们就为在格拉斯哥大学内没有一个专门的数学仪器师而苦恼着。现在有一个名叫瓦特的优秀青年，从伦敦回来了。

　　"我很了解这位瓦特先生，他技术好又富于进取心，咱们学校的天文仪器全都是他修好的。

　　"我想，既然工会不让他开店，我们可以让他成为我们学校的员工，这样，工会就管不着了，让他在大学里开店，这对学校也有好处，因为我们有了专门的数学仪器制造师。"

　　像瓦特这样的人才正是当时的格拉斯哥大学所紧缺的，再加上迪克博士和学校教授们的帮助，学校当局终于同意在校园里给瓦特一个工作间，并且授予了他一个"大学数学仪器制造者"的头衔，成了这所大学的编外员工。

　　这件事，对瓦特的人生道路有着重大的影响，使他这一位普通的工人，迈进了大学的校门。

一边工作一边学习

大学里的环境，对于瓦特来说，是非常有益的，他失去了上大学读书的机会，但是在这里，他却结交了几位大学教授和一批有学问的朋友。同这些当代精英相处，可以学到知识，开阔眼界，活跃思路，知道外面世界的很多事情。

所有的这一切，都对瓦特的工作有着长远的影响。因为如果没有高瞻远瞩的眼光，没有洞察全局的头脑，科技研究的方向不与经济发展的需求接轨，那么，他那双手就算是再灵巧，也不会做出什么惊天动地的事情来。

瓦特的店，起初并不大顺利，开了一年之后，还没有足够的经费维持生活，不得已之下，瓦特只好兼卖地图和海图，每张以两个半先令的价格卖出。也正是在从事绘图工作的时候，使得瓦特成功地取得了一项小发明，那就是设计制造出一种能绘制透明图的仪器。这种仪器的设计非常精巧，可以折叠放在一个盒子里，装进衣袋携带使用。

它是根据比例绘图仪的原理制造出来的，可以用来把一张图纸，按照自己需要的比例，方便地复制出一份新的图纸来。

瓦特一共制造出了五十多个这样的绘图仪，并且畅销到全国各地。不过由于瓦特当时并没有为这项小发明申请专利权，所以后来被许多仪器制造商仿造，并且畅销到世界许多国家。

不知不觉之间，瓦特的商店已经成了大学教授或者学生们的俱乐部了。这是因为在瓦特的商店里，可以看到各种器械模型的关系，而且大家都对瓦特那种熟练的工作技术感兴趣。然而，比上面的两个理由更吸引他们的，是瓦特的人品。

这位淳朴、乐天、坦率，且见地又与众不同的瓦特，是吸引人们来到这个店里最主要的原因。

虽说他还年轻，但对于机械的构造或使用的方法，具有一种连学者也不及的敏锐的观察力和知识。

有人说瓦特的成功是天时、地利、人和的结果。

天时，是指当时的产业革命急切地需要一种方便实用的动力机械，而瓦特后来所研制的蒸汽机，恰好适应了时代发展的最大需求。

地利，瓦特生活的英国是第一次产业革命的中心，可以亲身感受工业疯狂发展时期的时代脉搏。

人和，是指瓦特在走向成功的道路上，始终有一批真诚的朋友，为他提供各种各样的帮助。没有大学里那些教授为他出谋划策，没有实业家们为他提供资金设备和开拓市场，那么瓦特再有本事，也只能一事无成。

"瓦特先生，这个地方好像有点毛病，不知道是什么缘故。"大学里的教授们经常来和瓦特研究。

在这些教授当中，经常见到的，仍然是迪克博士，但比他来得更勤的却是约翰·鲁滨孙教授。

鲁滨孙那个时候是刚从格拉斯哥大学毕业的研究生，年纪和瓦特差不了多少。

这位诚实、快乐、健谈、富于幽默感的、才华横溢的鲁滨孙，是一个多才多艺的青年，对于音乐有很深的兴趣，语言学方面也很优秀，尤其是对科学方面，更是一位热心的研究者。

"为什么我会和瓦特先生这样投缘呢？那是因为我向来不问地位和职业的高低，一律重视个人价值的关系。并不是我自夸，当初我对于数学和机械学这方面的学问，自以为是数一数二的了，等到和瓦特先生交谈之后，才知道他在这方面的学问比我更高呢！

"我原以为瓦特只不过是一名普通的工人，但和他接触之后，我

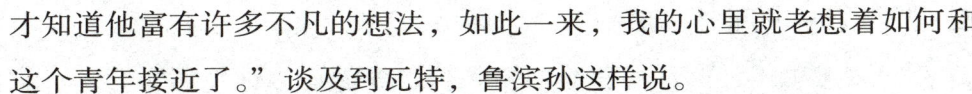

才知道他富有许多不凡的想法，如此一来，我的心里就老想着如何和这个青年接近了。"谈及到瓦特，鲁滨孙这样说。

因为年龄相仿且兴趣相投，鲁滨孙与瓦特十分投缘，造访瓦特的店铺变得更加的频繁，甚至有时候一天之内来到两三次。

"瓦特先生，你又在工作了。"一天，鲁滨孙来了。

"是鲁滨孙呀！你自己找个地方坐吧！等我做完这件活我们再说。"鲁滨孙来的时候，瓦特正在工作，他毫不在意地随口招呼。

"好啦！瓦特先生！工作是忙不完的。做到相当的地方就停了吧！一起去散散步吧！"鲁滨孙催促着正在拼命拧着螺丝钉的瓦特。

伴随着英国资本主义经济的快速发展，格拉斯哥市在近几年也发生了翻天覆地的变化，渐渐地面貌一新。古老的街道，也依次盖起了漂亮的商店，崭新的房屋也不断地在盖着。

"瓦特先生，格拉斯哥变得不错了吧！"

"是的！和三年前我当徒弟的时候，变得完全不一样了。"

"听说您曾经在伦敦住过，格拉斯哥和伦敦比较起来怎么样呢？"

听见鲁滨孙这样问，瓦特只是苦笑不语。因为他虽然在伦敦住上了一年以上的时间，可是一直都是居住在莫根先生的店中，就连市内都不曾去观光过一次。

但是，格拉斯哥确是变了，那个街角上本来是一块空地，现在已经盖起了一座大的戏院。这条大街的本来面目全改变了，而附近的风光也随之一新。

格拉斯哥在 18 世纪初期，人口只有一万至一万五千，而它的公众建筑物不过就是教堂和大学而已。自从由美洲殖民地输入烟叶之后，逐渐发展为商业都市，加上那些因烟叶而致富的商人们，他们把这些钱投资在工业上，格拉斯哥便一跃而为新的工业都市了。

但那时候的瓦特，对这些事情并不感兴趣。绕着市内转了一圈，无意中一抬头，这个时候，学校的教堂里正举行晚会，美丽的灯光，正从高大的窗户里透射出来。

"多么美丽啊!"瓦特瞪着两只眼睛,静静地仰视着那些灯光。但他真正所憧憬的其实还是那所大学。

瓦特的商店在大学里面越开越大,来这里光顾的学生也越来越多,而他所接触的圈子也越来越广。

一天傍晚的时候,迪克博士又来到了瓦特的商店。

"瓦特先生!我上次交给你的那个机器,修理好了没有?"远远的,迪克博士就一脸笑容地问道。

"没,请再等两三天吧!我还要再测试一下。"瓦特一边巧妙地使用着卷尺和锥子,一边回答道。

迪克博士对此也不在意,他也没有加以催促,看着瓦特笑笑就往店里走去了。

之后,有四五个常到这里来的学生,嘻嘻哈哈地跑了进来,大家就都坐在工作台的周围,吵吵嚷嚷地连说带笑起来。

因为这是很平常的事,所以瓦特也不介意,仍就继续工作着。学生的谈话,不知道从什么时候开始竟然变成了议论,以实验室内可能发生的一些问题为中心,纷纷谈论着。

这个时候,有一个学生从手提箱里取出一本画满了图案的拍纸簿,放在膝盖上。

"这是什么东西?"

瓦特心中比较好奇,就朝那本拍纸簿偷偷看了一下。蓦地,那个学生把拍纸簿碰在他的鼻

尖上，突然问道："瓦特先生，你的意思怎么样？"

瓦特慌忙地挺直着脖子回答："学问上的事，我不懂的！"

在瓦特心中，他还是有点自卑，毕竟自己只是一个工人，而他们则是真正的天之骄子。

"这个天下哪有什么不懂的道理！瓦特先生，明天你就到我的研究室里来吧！"

就在这个时候走进商店里面的迪克博士，站在瓦特的背后，拍了拍瓦特的肩膀，这样说道。

就因为这样的机缘巧合，瓦特的生活圈子竟大大地扩张开来。过去，瓦特也常因机械的装置等事，到过迪克博士的研究室几次。每每看到那些穿上实验服的学生们在热心研究的时候，他心里未免感到有点嫉妒，最后总是无精打采地回到自己的店铺去。

而现在呢！迪克却主动地说："哪有不懂的道理！明天你到我的研究室来。"

这一句话，就把瓦特所有的烦恼都一扫而空了。从现在起，瓦特就可以堂堂正正地出入研究室了。

迪克博士夹杂在穿实验服的学生里面，一看到围着皮制围裙的瓦特来了，就很高兴地命令他转动或操作机械。

对于瓦特来研究室帮忙的事情，学生们一点也不觉得奇怪，他们和瓦特的关系都不错，在他们眼中，瓦特先生能来研究室帮忙，那是科学和技术相结合的结果，这种情况将开辟格拉斯哥大学的新学风。

不知道什么时候开始，瓦特竟成了格拉斯哥大学研究所不可或缺的人物了。

精于数学的瓦特，对于机械的转动时间和所注入的药品的分量，能够立刻就计算出来。有时候实验失败的原因是基于装配等不完全时，瓦特会给仪器做最仔细的检查，就连最微细的地方他都会检查一遍，马上就能判断出是什么地方造成的问题。

　　遇到有不明白的符号或方程式等的时候，瓦特也会毫不客气地请教教授或学生们，有时也会跑到大学的图书馆里，拿出专门的书籍，详细地查阅。

　　被初中数学先生誉为"数学天才"的瓦特，经过几年的荒废，又一次接触到了科学，并且一步一步地迈向学问之道。

　　研究室里面，瓦特最常做的事情就是把相同的药品放在实验器里，一会儿加热，一会儿又使它冷却，反复不断地试验着。

　　"瓦特先生，要不要再来一次啊？"

　　学生们都这样取笑瓦特。这时瓦特为了证明自己的实验原理，就会回到自己的店铺里，把一些精巧的仪器一一拆开，详细地检查整个的构造或各部分的性能，直到对那个机械的原理感到心领神会时，这才亲手重新装配起来。

　　就在这种重复的实验之间，不知不觉地，瓦特除了学到一般机械的知识外，还额外知道了各种机械的特征和优、缺点。

　　瓦特在伦敦学习的一年时间，只不过是学得一些技术而已，而这些技术，如果经过一段时间的磨炼，普通工人也就变为熟练工人了。

　　但如果仅仅如此，还不能成为发明家。因为一个伟大的发明家具备两个不可或缺的因素——技术与学问。

　　而现在，这对于瓦特来说已经不是问题了。

　　"在自然科学的研究上，我从迪克博士那里学到了实验和推理。我今天之所以能够在发明界立足，完全是他的功劳。"瓦特后来曾经这样感慨地说。

　　就这样，瓦特在格拉斯哥大学的店里，由工人到技师，再由技术家到发明家，一个阶段一个阶段地升上去了。

迅速发展的商店

瓦特一直都在格拉斯哥大学的店面生活着，伴随着他活动范围的扩大，瓦特不得不考虑重新订购一些设备，于是在 1759 年他又一次踏上了前往伦敦的旅程。

瓦特上一次去伦敦是为了学习技术，而这次，则是很明显的商务活动。在伦敦，瓦特又一次和他以前的那些朋友们相聚，并且互相说了这些年的境况。

瓦特的这次伦敦之行是顺利的，他成功地购买了很多设备。一回到格拉斯哥，瓦特马上和一位名叫约翰·克莱格的建筑师共同经营，在市内的综合市场内，开设了一家新店。

开张的日期是 10 月 7 日，当时的明细表至今还留存着。那时，瓦特出了 108 镑的资金，而克莱格也同样出资 108 镑的现金，并言明除了每年付给瓦特 35 镑作为薪水外，所得的利益由两个人平分。

在市内开店之后，瓦特的工作一下子发展起来，以前与他针锋相对的工会也不再和他过不去了。

"瓦特先生虽然年轻，但却是一个非常能干的人。"所有认识瓦特的人都有这种感觉。

因为瓦特的技术非常精湛，格拉斯哥内的一些同业者，也开始将一些精细的东西送到瓦特的店面让他修理。

四年以后，瓦特和克莱格的店铺已发展到不够使用的地步，于是就迁移到市内要道的托伦给特街上去，但仍然保留了在大学里的那个小房间。

瓦特当时之所以决定要搬新家，还有一个重要的因素，那就是他决定要结婚了。

这一时期，瓦特经常给家里寄一些钱。瓦特的爸爸也由于在镇上担任司库工作期间办事认真负责，成绩卓著，被提升了，所以薪金也提高了，家里的经济情况有了明显的改善。

这时，瓦特的爸爸经常想到的是，儿子的年龄已经不小了，无论如何应该结婚了。再说瓦特的姨妈为了这件事，已经提出过好几次了。父亲为了瓦特的婚事，还特地跑到格拉斯哥大学来找瓦特当面催促儿子。

瓦特总是笑眯眯地说："爸爸，这件事，您老人家就甭为我操心了。"

不错，一个二十八九岁的小伙子，还能不结婚吗？瓦特和表妹虽然不常见面，可是信件来往却极频繁。

这一天，瓦特又收到了表妹的来信，他被深深地触动了。表妹在信上写道："这么好的望远镜，您都做得出来。在我的心目中，表哥，您已经是个发明家了。但是，可惜啊！可惜，我用它就是看不到您。您在哪儿呀？在天边吗？您躲在云彩后面吗？亲爱的，您别老是让我拿着望远镜看您了，我的眼睛都看累了。我要待在您的身边，面对面地看着您。我要看个够呀！"

这封信的魔力是很大的，瓦特决定不再拖延婚期了。他立刻写信把结婚的日期明确地告诉了爸爸和表妹一家。

1764 年 7 月 16 号，瓦特回到了家乡格里诺克。在格里诺克镇，28 岁的瓦特与他相爱多年的表妹玛戈蕾特·米勒举行了热闹的婚礼，虽然不算太隆重，但是镇上来参加他们婚礼的客人却很多。

婚房就在托伦给特街的这所房子里。从两小无猜的青梅竹马，到新婚燕尔的年轻夫妇，玛戈蕾特是个聪明活泼而又温柔的姑娘，对瓦特体贴入微，婚后夫妻非常恩爱。

玛戈蕾特对于瓦特的生活习惯可是了如指掌，知道瓦特只要干起活来就会不顾一切，甚至连吃饭都会忘记，这对于瓦特虚弱的身体是十分不利的。

结婚以后，玛戈蕾特在生活上把瓦特照顾得无微不至，不允许瓦特再去做"劳而无功"的研究试验。她毕竟是一个没有见过大世面的家庭妇女，她心中想的主要还是丈夫和家庭的生计。

五月的格拉斯哥，春意盎然，到处都呈现出富有生气的景象。礼拜五，瓦特的妻子特地来到格拉斯哥大学来看望瓦特，还给他带来一个喜讯，为此还闹了一个笑话。

"瓦特，我给你报喜来了。"

"报喜？"瓦特不解，拖了一把椅子让妻子坐下，忙问，"什么喜呀？"

"你看你急的！"玛戈蕾特故意不明说，"你猜猜看嘛！"

"还要我猜呢！你也真是……"

"不猜，我就不说。"

"你看你，还像个孩子似的，"瓦特急得没有办法，"你别跟我捉迷藏了，快说吧！什么喜事呢？"

"好好好，告诉你吧，昨天我去看过医生了。"

"怎么，你病了啊？"

"哈哈！"玛戈蕾特笑得前仰后合，瓦特的一个助手从窗口伸进头来瞧了瞧，伸了伸舌头缩了回去。

瓦特弄得莫明其妙，傻乎乎的不知道怎样才好。

"您真是个大傻瓜！医生说我有喜了！"

"哦！上帝！是这么回事！"瓦特这才明白过来。高兴得把她抱了起来，"这么说，我要做爸爸了！"

瓦特兴奋极了，他留她吃了饭，陪她到街上为未来的孩子买了些东西。

作为丈夫和即将是一个孩子的父亲，瓦特这个时候也开始拼命地

· 73 ·

赚钱，以求能够让妻子和未来的孩子过上好生活。

为了赚钱，瓦特的店面开始多元化经营，只要是能够赚钱的生意，瓦特基本上都要兼顾地经营一下。随着店铺的扩张，货物的种类也增加了，各种的数学器具当然不用说了，连乐器或玩具类都有。

以乐器来说，也有一段趣谈。

有一天，迪克博士走到瓦特店前的时候，听到从店里传出一阵美妙的音乐来。

"奇怪，从没听说过瓦特先生在搞音乐。"

迪克博士心里觉得很奇怪，进去一看，看见瓦特把一个只有 1.2 米高的细长的箱子放在工作台上，拼命地弹着。

"咦！瓦特先生，那是什么？"

"是风琴。"

"风琴？"

仔细一看，箱子里面并排着好几根管子，瓦特正用手在按着那些像琴键似的东西。

"到底是怎么回事？"迪克博士好奇地问。

瓦特说："这是两三星期前的事。格拉斯哥市的共济工会集会所里的一位职员跑来说，事务所想要一架集会用的风琴。"

虽然数学器具店和风琴扯不上什么关系，但是那时的瓦特，却被大家认为是个什么都会的人，所以大家有什么问题都会在第一时间先来找瓦特解决。

"怎么样，瓦特先生，能不能代为做一架？"共济工会的职员问。

"可以的。"瓦特当时就答应下来了。而事实上，他根本没有音乐方面的知识。

共济工会的那个职员离开之后，瓦特就赶紧开始研究风琴的构造，然后参考斯密斯博士所著的《和声乐》这本书，待理论稍微懂了之后，就设法买了一架旧风琴，然后再把它全部拆卸开来，检查各部分的性能和构造。

"所以说，若是想模仿旧风琴制造人家订的货，是没有问题的。不过，我对于这样做是不能感到满足的。我检查过那架风琴，发现了许多不满意的地方。因此，我运用我的创造力，先做一个小的模型看看。迪克博士，你来得正好，瞧瞧，就是这个。"

瓦特用手指了指，他所指的就是刚才他弹奏的那个模型。

没过多久，共济工会定做的乐器就完成了。瓦特真是一个天才，从未接触过音乐的他又在风琴制造方面有了不同凡响的创新。

"瓦特不断地向着未知的境界迈进，我总是不得不跟在他的后面走。"

鲁滨孙曾这样说，但这正是瓦特做人的态度。他时常在个人的工作房里放满了许多机械的零件，然后逐件仔细地加以擦洗，最后再用来装配新的机械。

当他动也不动地凝视着新完成的制作品时，他的那种姿态，简直和美术家在欣赏自己呕尽心血而创作的作品时一模一样。

迪克博士曾这样说："机械知识的广博和技术的精湛，没有人能比得上瓦特。瓦特的才能，可说完全是一种天才，他富于创造力及具备发明的才能。我每和他谈话时，就对他那种敏锐的脑力活动，感到惊喜！"

瓦特的活动范围一再扩大，在之后又和陶器制造公司有了往来，1772年以474镑投资于该公司。

陶器制造法是在1757年传入英国的，那个时候，陶器业被认为是前途最有希望的工业，全国各地都盛行着陶器制法的改良和研究。

瓦特在陶器公司的地位，是类似顾问一类的职位。比方陶土的化验、碎石工厂的设计、窑的建设等，在有关的科学和技术方面，提供他的智慧。

瓦特为了赚钱，甚至可以利用空闲时间和下脚料去制作一些小服饰，或者去绘制地图、海图销售，以至于在格拉斯哥大学期间所进行的研究，早已经被他抛到脑后了。

瓦特确实是一个难得的天才，但是他却处在了一个十字路口上。这个时候他可以和大学里那些高贵朋友们一起，去从事某项研究创造，一旦成功，他就可以青史留名。

他也可以继续现在的生活，也许会赚到更多的钱，但是却浪费了他的一双灵巧的双手和他那精湛的技术，更不会做出什么惊天动地的事情。

显然，这个时候的瓦特出于家庭的考虑，选择的是后者，他正沿着世俗的道路，一路前进着。

自从搬出校园以后，特别是结婚成家以后，瓦特同大学里的良师益友们开始疏远了，除非是有工作任务，否则的话他很少待在大学的那间工作室里。

这样，他就很难同过去的那些做学问搞研究的朋友们见上一面。

瓦特变了，开始变得庸俗了起来。他利用手上的技术，尽可能地换回一些金钱，把这看成是一种养家之道，而把大学教授去从事研究试验看成是一种没有把握的冒险作为。

然而，瓦特遗忘了过去，但是他大学里的那些良师益友们没有忘记他！尽管他们大都是知名的教授，但是从和瓦特相识开始，他们就认定瓦特会是他们梦寐以求的合作者。

如果没有像瓦特这样技术精湛的高级师傅一起合作，那么，再好的设计思路也只能停留在理论上，很难变成新的创造发明。

因此，为了瓦特，也为了他们自己，更为了科学的发展的需要，无论如何他们也要把瓦特重新拉回来！

研究蒸汽机

　　当一个新生事物出现时，定会遭到一些人的反对，哪怕这些事物有益于他们。

——瓦　特

初次认识蒸汽机械

看着瓦特一天天地沉迷在赚钱的生意中，而将从前做研究的心态抛诸脑后，大学里的那些良师益友们忧心忡忡。

作为瓦特好友的鲁滨孙更是看在眼里，愁在心里。

有一天，鲁滨孙来找瓦特，对瓦特说："瓦特先生，我有一个特别的生意想和你谈谈！"

"什么特别的生意？"瓦特好奇地问。

鲁滨孙说："文明的进步终究还是系于动力的发达。在古代，人类尚未具有高智慧的时候，只知道一切凭借本身的力量而已，到人类渐渐地变聪明后，就想到利用动物的力量了。"

"譬如说搬运东西，最初人类是把东西扛在肩背上来搬运的，到了晓得把东西放在车上而用马来拉的时候，人类的力量已增加了九倍、十倍了。"

"但是这还不行，除了动物之外，必须再想出其他更有力的东西来移动车子。究竟有没有这种'力'呢？"

说完，鲁滨孙等待瓦特的答复，可是一看到瓦特默然不语，鲁滨孙又继续说下去。

"有的，我想是有的，那就是蒸汽的力量。我想，用蒸汽来推动的车子，按理说，一定会被发明出来的。"

用蒸汽来推动车子前进，这简直是异想天开！

瓦特把眼睛睁得圆圆的望着他的脸，可是鲁滨孙越讲越起劲儿，又继续说了下去。

"用蒸汽来推动车子的构想虽然让人感到诧异，可是那绝不是梦

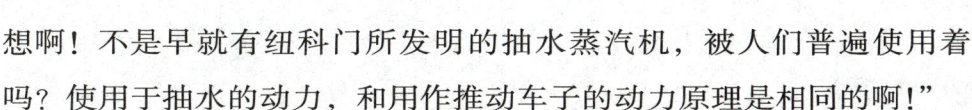

想啊！不是早就有纽科门所发明的抽水蒸汽机，被人们普遍使用着吗？使用于抽水的动力，和用作推动车子的动力原理是相同的啊！"

瓦特默然无语，但是这时他心中已经起了涟漪，在心底他已经认可了鲁滨孙的设想。

"事实上，我不过是今天才学到纽科门的蒸汽机而已，虽然对于它的原理或构造方面都已了解，但是，这种了解是无济于事的。要想从中产生一种新的东西来，非得用想象力和发明力不可。瓦特先生，只要我们两人肯合作，哪有办不到的事情？你想不想尝试以蒸汽推动车子的发明呢？"

瓦特心动了，自从搬出校园以后，瓦特第一次发现自己原来对于蒸汽机械有着浓厚的兴趣。

不知不觉地，天色已经慢慢地暗了下来，兴致正浓的鲁滨孙，在没有灯光的屋子里，还滔滔不绝地说着。

瓦特和蒸汽机械发生了关系，也就是从那个时候开始的。

鲁滨孙离开时候，瓦特马上跑到格拉斯哥大学的图书馆，找出有关蒸汽机械的书籍，然后根据原理开始实验起来。

他最初所用来装配的东西，现在看来实在是太简单了。他用普通药瓶来代替锅炉，竹筒当作蒸汽管来使用。

后来，他好不容易又做了一个小型的，但是颇像蒸汽机那样的东西，可是，那只是一个汽筒，它的直径只不过一英寸而已，像玩具一样。

瓦特设法找到一个蒸煮器，把它用作产生蒸汽的装置。他把一个装有密封活塞块的小注水器连接到蒸煮器上，并在蒸煮器和注水器之间装上一个阀门，这个阀门可以朝上下两个方向转动。根据阀门的转动方向，既能使蒸汽进入汽缸，也能把它全部排放出去。

瓦特将阀门扭动，蒸汽进入汽缸，小活塞被蒸汽往上顶，这股力居然能举起七公斤重的东西。

"啊，动起来了！动起来了！"瓦特和鲁滨孙都控制不住自己的惊喜。

正当他们打算同心协力大干一场的时候，鲁滨孙毕业了，他要去海军服役。

"瓦特先生！我们要暂时别离一阵子。本来，我以为接任为迪克博士的助手是绝对没有问题的，况且，我已得到硕士学位了。可是他们却说，一个20岁的年轻人，不足以胜任那样重要的职务。

"原本，经迪克博士的介绍，我应聘去当诺尔斯提督孩子的家庭教师。现在我将以海军准少尉的身份，随着诺尔斯提督的军舰出外航海去了。"

鲁滨孙就这样突然离开了格拉斯哥大学。由于这个缘故，瓦特只好独自继续蒸汽机械的研究。

要想真正改进前人的不足之处，最有效的办法就是先了解前人的研究成果。瓦特深深地明白这一点，因此，他最先要了解的自然是蒸汽机械的来历。

蒸汽力量的初步利用

关于蒸汽力量的使用，由来已久，人类很早就想到利用蒸汽力量的问题了。

1629 年，意大利有一位名叫布兰卡的医生，曾设计了一个利用蒸汽的力量转动石臼把药磨成粉的机械。这种附有臼的机械，就是首先制造一个洋娃娃形状的锅子，下面用火烧，水汽就会猛烈地从洋娃娃口中喷出来，使插有整排翼板的轮轴转动，杵也开始动了起来。

但这也不过是一种巧思而近乎玩具的东西，实际上完全没有用处，照原理来说，和现在的蒸汽轮机一样。

局限于当时的科学和技术水平，以及材料各方面都还比较匮乏等原因，布兰卡的发明没有成功。此后，虽然也有许多人做过这方面的努力，但是也都没有成功。

时代在发展，科学在进步。终于，在前人的道路走不通之后，有人创造性地开辟了另外的道路，找到了一种全新的方法。那就是不直接利用蒸汽的力量，而利用蒸汽一凝结就成真空的现象，再由于真空的关系而利用大气压力。

在这方面做出突出贡献的人是迪奥尼西阿斯·巴巴恩。

巴巴恩原本是法国普罗兹地方的一位医生，17 世纪中叶，欧洲宗教斗争日益激烈，巴巴恩因为是新教徒的关系，遭受到了来自罗马教廷的迫害。

当时整个欧洲只有英国是奉行新教的国家，为了逃避宗教上的种种迫害，巴巴恩不得不逃往英国，不久，他就被推选为刚设立未久的皇家学士院的会员。

巴巴恩虽然是一位医生，但同时还是当时赫赫有名的物理学者，时常做各种新奇的实验，使大家惊异不已，其中比较有名的乃是"蒸汽链"这个蒸汽机。

巴巴恩所设计的蒸汽机颇为简单，只有铁制的汽筒和活塞以及活塞杆，连锅炉都没有。

他在汽筒下面放一些水，底下用火燃烧，水慢慢就沸腾而变成蒸汽，这些水蒸气就把活塞往上推。

当活塞在上升到某一程度时，挺杠就会弹入活塞杆的凹处，到了这时就把火拿掉，而汽筒内的水蒸气就会自然地因冷而凝结，汽筒内就变成真空了。可是把挺杠除掉，活塞便被强有力的大气压回汽筒底部去了。他就是将这个活塞被气压所压下去的力，运用到了汽筒方面。

巴巴恩又设想，如果将活塞用一条铁链通过一个滑轮与一个汲水装置相连，当活塞被大气压力压下去的同时，活塞向下拉动铁链，铁链另一头已经汲满了水的桶就被吊起来了。

巴巴恩用这种方法做了一个大的装置，想利用它来抽取煤矿坑道内的积水，测试的结果，机器的速度太慢，而且容易漏进空气，根本不能使用。

虽然巴巴恩发明的这个机械还不足以运用到实际生活当中，但它却是首次利用因蒸汽凝结而成的真空所制成的气压机械，为蒸汽机械的发展做出了不可磨灭的贡献。后人为了纪念这位伟大的开创者，将他制作的那个模型保存在卡塞尔博物馆里。

英国经过资本主义革命以后，社会经济发展得很快，在当时，英国矿业界最为苦恼的就是矿坑内的排水问题。

开矿的时候，在地面上挖，或者是往横的方向挖，都不成问题，但是渐渐地挖到地表下面几公尺的竖坑时，所遇到的就是排水问题。

如果没有办法把地下自然涌出来的水抽掉，无论矿工多么卖力，

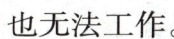

也无法工作。

尤其是有名的康沃尔矿山地区，地面上像蜂巢似的尽是些坑口，因为越掘越深，从坑内不断地冒出地下水来，因此时常发生矿工溺死的事情。照这样下去，这个英国所夸耀的大富矿，势必非放弃不可了。

"谁能够发明一种替代马匹来汲水的强有力的唧筒？"有人发出这种求救的信号。

为了解决矿坑内汲水的问题，无数发明家都在夜以继日地研究。在这样的情况下，汤玛斯·舍巴利终于完成了一架"实际能动的蒸汽机械"。

1650 年，舍巴利出生在得朋的希尔斯顿矿山。他虽然不是学者，但是却十分好学。在受完工兵教育之后，他很快地就升到堑壕长，足以看出他的天分。

舍巴利也精于制造钟表，并曾设计了一个研磨玻璃板的机械，还发明了一艘不靠风力也能行驶的船。

舍巴利制造出蒸汽机械的灵感，也是源于一次偶然的发现。

舍巴利喜欢喝酒，有一天，他又到了自己常去的那家酒馆里喝酒，当时他喝了一瓶葡萄酒，"砰"的一声，把空瓶子给抛到火坑里去了。

"喂！给我拿点水来！"

水拿来了，舍巴利洗了洗手，一看，那个空瓶子里头还剩下的一点点葡萄酒也都蒸发了。他冷不丁地把那只瓶拿起来。

"啊！好烫！"舍巴利连忙把瓶嘴浸在水里，这时，瓶内空气遇冷收缩，由于瓶外空气的压力，水就被压进瓶子里去了。

"真神奇！"

舍巴利被这个现象折服了，这个发现也成了他日后发明蒸汽机械的动机。

1698 年，舍巴利的蒸汽机得到了专利。这种蒸汽机的特征是没有汽筒，也没有活塞，它比巴巴恩的机械来得优秀的地方就是具有两个锅炉。

锅炉一大一小，大的那边只加入 2/3 的水，加热沸腾之后，待水蒸气一满，就移动操纵柄再把它导至另一个气室里去，然后塞上活栓，这时再在气室上加入冷水，里面的水蒸气就马上凝结而形成真空，这样就自然地能够把气筒下面的地下水抽上来。

两个锅炉可以轮流使用，做同样的工作。当大锅炉里的水少下去的时候，就在小的这边加热，借蒸汽的压力，把里面的开水通过给水管，向大锅炉那边补充。

正被排水问题弄得焦头烂额的康沃尔矿区，马上装置了这种蒸汽机。果然，这和用马一桶一桶地来汲水相比较，确实进步了许多，而矿工也能下到较深的地方去工作了。

矿坑内的工作并不是实验室理想的架设，现实的操作总会有各种各样的问题，舍巴利的发明虽然好用，但是却无法解决一个最基本的问题，那就是安全问题。

为了把水提得高一点，就需要把蒸汽的压力加大，而这样一来高温度的锅炉便会由于直接受到强大压力的作用而爆炸了。

矿工们大都没有读过书，对于这样一个庞大的机械本来就是既好奇又害怕，所以一看到锅炉爆炸、热水四溅的情形，就都吓得四处逃散了。

舍巴利蒸汽机根本无法保证最基本的人身安全，自然也就宣告失败了。但是，舍巴利却为蒸汽机械的发展迈出了实质性的一步。比起巴巴恩的理论机械，他这架实际的机械更为先进。

对纽科门机的改良

在舍巴利发明的基础上，进一步研究发明出实际安全可用的蒸汽机械的人，是纽科门。

纽科门是达得玛斯镇上一家铁厂的工人，舍巴利在制造蒸汽机的时候，最感到头痛的就是缺乏熟练的工人，所以，每次遇到复杂的蒸汽机工作时，他就拿去请纽科门帮忙。

久而久之，纽科门这个原本对蒸汽机一无所知的工人也渐渐地开始对它感兴趣了。

纽科门在自己家里的庭院中做了一个模型，加以实验，遇到不懂的问题，他就去请教当地的大学问家瓦克博士。

"如果巴巴恩所设计的活塞，能够早一步考虑到真空的问题，是绝不至于失败的。"

瓦克博士的话给了纽科门很大的启示。

纽科门于是决定重新制造一台蒸汽机，他把巴巴恩和舍巴利的优点结合起来，在原理上偏向于巴巴恩，循着正确的轨道而行。

纽科门机械的特色，就是为了使气压有效地起作用，才设有活塞。这是舍巴利机所没有的特色，因此所用的蒸汽的压力，远较舍巴利机为低，所以不需要担心会爆炸的问题，也就解决了蒸汽机械最起码的安全问题。

比巴巴恩机更为优秀的是，为了使加热方面得以经济起见，才设置了锅炉。而且为了使蒸汽迅速地凝结，并不像巴巴恩那样把火移开，而是把冷水直接喷射在蒸汽上。

1712 年，纽科门机最初时虽然一分钟只转动十次，但一分钟却能把550公升的水，提升到46.7米的高度。单是这些工作就需要50匹马，因此纽科门机可以说是一个划时代的成功。

然而这个时候的纽科门机，也有许多的不足。为了使内部的蒸汽凝结，在汽筒的一边喷射冷水，但一定要配合其凝结的时间，不然，冷水一碰到锅炉，就大大地损失了热量，动作也因此缓慢起来。

纽科门曾经改装了一下蒸汽机械，用冷水整个包住汽筒的周围，可是冷水一下子就热起来，总归是不方便。

纽科门不断地尝试改进，在一个偶然的机会，让他寻找到了改进机器的方法。

一开始，纽科门为了不使空气从活塞的周围进入汽筒内，总是用布或熟皮小心地塞在活塞上。这是一件煞费苦心的事，而活塞上面也时常积聚了一些水。

有一天，纽科门为了检查这个蒸汽机之所以不时地突然转快的原因，就详细地看了一下。原来活塞上面有个洞，水就从这个洞流到了汽筒里面去。

纽科门的脑中顿时浮起一个新的念头。

"如果使蒸汽能迅速地凝结，只要把水喷到汽筒内，不就解决问题了吗？"

于是，纽科门不再用水来包住汽筒而改为冷水喷射装置之后，这个蒸汽机的效率就大为提高了。

初期的蒸汽机，扭动蒸汽进入汽筒的活门或喷射冷水的活门这类的工作需要靠人工来操作，而且因为这种工作比较简单，所以大都由小孩子来担任。

有一个叫作亨佛利·保达的少年一直从事这种枯燥而无聊的工作，他一面听着朋友们嘻嘻哈哈玩耍的声音，一面瞧着那根上上下下不断摆动的横梁。

突然之间，他大叫一声："啊！有了！"

保达跳了起来，并取了一个脚搭子，在横梁上系了根绳子，拴在活栓上。这样一来，活栓就不需要用手去扭动，而能够随着横梁的上下一开一闭了。

从此以后，纽科门的蒸汽机就改为自动操纵了，只要工人偶尔来巡视一下就行了。

不仅如此，向来活塞的次数每分钟不过是七八次而已，现在也增加到了十五六次。对蒸汽机的改良，这次真是取得了超过预期的效果。

纽科门的这种蒸汽机，在初期的时候使用的人并没有想象中的那么多，但是到了1733年这项发明的专利权期满之后，使用它的人快速增加，迅速蔓延到整个英格兰。

到了18世纪50年代，由于约翰斯莱顿等工程师使用了大口径的铁制汽缸，并对其他一些零件做了改进，纽科门式的蒸汽机在英国境内的应用，在数量和功率方面都有了很大的提高。

昔日的康沃尔矿山本来因为地下水的关系一度废弃，现在有了纽科门蒸汽机，又活跃了起来。

修理纽科门机模型

尽管纽科门式的蒸汽机已经在英格兰普遍使用，但是在苏格兰，似乎对于科技的反应比较慢一点，直到 1750 年，斯达林格雪的亚尔芬斯顿的煤矿才开始装设这种蒸汽机。

十年以后，格拉斯哥附近的煤矿才装设了第二架蒸汽机，且以"火花"这一个绰号而出名。

鲁滨孙离开格拉斯哥之前，曾经向瓦特提起自己的一个新观点，既然蒸汽机械能够被制造出来应用到实际生活之中，为什么只局限在矿坑抽水呢？难道就不能用在其他方面吗？

鲁滨孙离开之后，研究这个问题的重担，就都落在了瓦特的身上。刚好就在这个时候，瓦特获悉了格拉斯哥大学的标本室里有一架纽科门机的模型。

瓦特压抑住内心的兴奋跑到格拉斯哥大学，找到了负责标本管理的布莱克教授。

"你好，布莱克教授，我听鲁滨孙说您这里有纽科门蒸汽机的模型，是吗？"

"有是有的，不过大部分都损坏了！"

"损坏了也没有关系，给我看一下就行了。"

"好吧！反正也已经损坏了，不过瓦特先生您是出了名的无所不能，也请你修理一下吧！"

"好的，那么，请允许我把它带回去研究吧！"

瓦特就把这个模型带回店铺去了，这是他第一次看到纽科门机的模型。

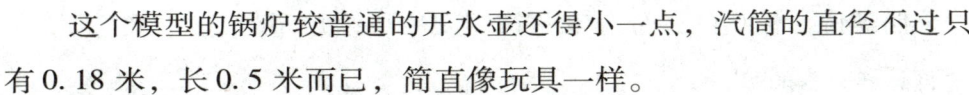

这个模型的锅炉较普通的开水壶还得小一点，汽筒的直径不过只有0.18米，长0.5米而已，简直像玩具一样。

但是其中却藏有他即将开始研究的所有东西。

怀着激动的心情，瓦特马上把模型机械拆开。这是他一贯的做法，直到领会了它的构造或操纵方法之后，才将损坏的地方完全修好，再好好地装配起来。

瓦特迫不及待地生起了火，把火放在锅炉底下，想转动模型看看效果。

水一开就冒出许多蒸汽来，扭动活门，蒸汽就进入那个小汽筒内，咕隆咕隆地开始转动了起来。

"啊！动了！动了!"

看到模型转动了，瓦特很开心，但奇怪的是活塞只动了三四下，就突然停止了。

"怎么回事?"瓦特又重复地试验了一下，但结果还是一样。

三次、四次、五次，做了好几次，活塞仍然半途停了下来。

"奇怪！什么缘故呢?"

实验似乎遇到了瓶颈，瓦特将手里的实验暂时放下，他立刻到图书馆去翻查书本，想要从书中寻找到答案。

遗憾的是，书本中并没有关于这种现象或者类似情景的描述，也就是说，瓦特除了再进行大量重复的实验之外，没有其他办法。

瓦特又把模型机械的各部分重新检查了一番，在经过好几次同样的实验之后，终于发现了问题出在什么地方。

原来纽科门式汽筒应该是铁制的，但模型却是用黄铜制造的，铁和铜的物理性质并不相同，对于热力的消耗不一样，加热和冷却速度也不同。

但是根本上，汽筒的大小和锅炉成正比，假如相差得太远，当然活塞只动了几下，就会因没有蒸汽的关系而停止了。

照理说，模型的各部分都是按照实物用缩尺量好造成的，为什么会有这种矛盾的现象？

"会不会是缩尺量错了呢?"

瓦特首先怀疑模型与实物之间的原始比例。

假使它是 1/3 的缩尺，虽然长度为 1/3，可是面积就变为 1/9，容积却变为 1/27 了。

但是这个模型，好像并没有依据 1/3 的缩尺来做样子。

如果是 1/10 的缩尺，长当为 1/10，面积也就为实物的 1/100，容积则为 1/1000。

所以说，活塞的长度如果是实物的 1/10，加热面积或汽筒的露出面积就为实物的 1/100，锅炉的容积则为实物的 1/1000 了。

这只是其中的一个问题，另外，更为重要的问题是，无法使机器顺利转动的原因是汽筒的温度问题。

蒸汽一遇到冷的物体就立刻凝结起来，所以，最初把蒸汽从锅炉输送到汽筒里去的时候，为了不使蒸汽无谓地凝结，所以汽筒就必须保持在沸点，即 100 摄氏度以上。

可是要想把满汽筒的蒸汽凝结，使之形成真空，则又得把汽筒的温度下降到常温，也就是 15 摄氏度以下了。

在汽筒内喷射冷水，目的就是为了促使温度迅速下降，使蒸汽早点凝结。也就是汽筒必须不断地被加热和冷却。

可是问题却在于一旦冷却了汽筒的温度，要想把它再升高到沸点，势必非要消耗掉大量的蒸汽不可。

发现纽科门机的缺陷

瓦特·研究蒸汽机

巴巴恩是一位学者，但在技术方面却一点也不在行，这是发明家巴巴恩的弱点。

舍巴利和纽科门则不同，他们不是学者，但却有着技术家的优异本领。他们仅凭灵活的双手或思考，从事于蒸汽机械的改良，因此，他们的发明在到达某一点时就停止了，无法做进一步的研究。

可是瓦特却是身兼学问和技术二者的真正发明家。他对于纽科门机的构造和作用，始终抱着一种严谨的态度去研究，结果他发现了它的缺点。

"到底需要消耗多少的蒸汽呢？"

瓦特打算将汽筒在一冷一热之间所消耗的蒸汽的量，用数字来计算出来，为此，他找到了迪克博士，希望能够寻求到他的帮助。

"可是，要怎样才能计算出来呢？"

迪克博士听到瓦特的计划之后这样问。

瓦特自己动手做了一个带有刻度的汽筒，能让人一目了然地看清楚水量，同时汽筒上也标示了数字，并且在输送蒸汽的管子上装了一个阀门，可以根据汽筒里蒸汽的多少决定什么时候关闭阀门。

瓦特为了使自己的实验能够精确起见，对于所使用的器械，凡不是自己亲手做的东西，他都一概摒弃不用。

作为一个卓越的技术家，瓦特是不大相信别人所制造的器具的。

"我决定多做几次实验看看，我觉得这里面会有一些共同的东西存在，只是一时间还搞不明白。为此，我还专门做了一批工具。"瓦特指着那个刻有刻度的锅炉说道。

第一次的实验完毕之后，问题就接踵而来，一经研究就会引来许多的疑问，瓦特专心致志地一次又一次地继续实验下去。

每当实验有点进展时，他就把结果详细地写成报告，连同下次的研究计划，一并拿去和迪克博士商量。

自从承办纽科门机模型修理以来，瓦特简直变了一个人，从前为了赚钱拼命工作的瓦特开始把店里的事情，全部委托给和他共同经营的克莱格了。

而他本人只要有空，就跑到店铺里去，专注地埋头研究。

那个专注于科学研究的瓦特终于又回来了！

一天，迪克博士来到瓦特的店里，看到瓦特还在工作台上，继续他的实验。

昼短夜长的冬天，还不到三点钟，室内就已开始暗了下来。

瓦特一见迪克博士来了，马上从工作服的口袋里拿出一张小纸条，一声不响地递给博士，然后又继续他的实验工作。

迪克默契地接过纸条，站在窗边阅读起来。

不久，瓦特的实验告一个段落了，他站起身来，疲劳地问道：

"你看怎么样？"

"理论上行得通，可以试试看。"

迪克博士一边看瓦特的计划书，一边认可地点点头。

对于丈夫专心研究，玛戈蕾特很是心疼，但是既然瓦特已经作出了选择，她也只能选择支持。说到底，她还是一个传统的女人。

"先生，你好呀！"

玛戈蕾特端着茶点走进了房间，把烛台上的蜡烛点燃，一下子，明亮的烛光照遍了排列着的用具和装置。

刻有刻度的锅炉，显现出美丽的黄铜色，连刻在玻璃容器上的细小量标也历历可见，让人一目了然地看得清楚水的分量，把蒸汽输送到容器里的管子上面的活栓，可借着挂在一旁的寒暑表和容器上所标示的数字，适当地加以关闭。

玛戈蕾特把茶放下就退了出去，他们两个人又继续热心地互相讨论有关发明的事情。

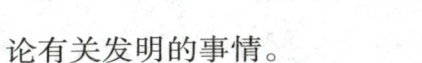

不一会儿，迪克博士站了起来，并且从口袋里拿出一个纸包，放在工作台上。

"谢谢博士！"

瓦特轻轻地拿起那个纸包，塞在自己的口袋里。迪克博士常在瓦特实验费不够时，替他设法周转点来。

瓦特的实验就是在这种情况之下，持续不断地进展着。

首先，他对于水在不同的压力之下达到沸点时所需的热量做了各种实验。然后，计算定量的水所化成的蒸汽体积，确定了在标准大气压力之下蒸汽体积约为水的 1800 倍，这个数字在现在来说也还很正确。

此外，对于纽科门机方面，他实地地计算出活塞在上下移动时所需的蒸汽数量，再和填满汽筒所需的蒸汽容积相比较，结果，发现了实际进入汽筒的蒸汽量竟比汽筒的容积多达 4 倍以上。

也就是说，这种纽科门机，约有 3/4 的蒸汽，在提高冷却了的汽筒温度时完全给浪费掉了。

如果不去掉这种浪费，是绝不能造出效率更好、马力更强的机械来的。

有人提出使用铁制汽缸，但是德国的古列斯就坚决反对使用铁制汽缸来取代最初的黄铜汽缸。他振振有词地辩解道："薄壁的黄铜汽缸比起传热慢且笨重的铁制汽缸要迅速得多。因此，使用铁制汽缸是倒退了一步，这就使得发动机的效率降低了。"

即便如此，铁制汽缸还是成功了。因为一些技术上的原因，用铁铸造的汽缸要比用铜制造的汽缸大很多，这就使得制造那些能从深处抽水并具有大功率的发动机成为可能。

对于那些煤矿主们来说，只要发动机能够具有更大的功率，能够把水从矿井中抽取干净，就可以了，至于效率的高低，他们并不关心。

烈火中产生的蒸汽机

瓦特是一个严谨的人，为了研究出如何解决这笔浪费掉的蒸汽的问题，他通常一头埋进工作台，就忘记一切，别说是吃饭，有一次甚至连发生了火灾他都丝毫没有察觉。

事情是这样的，那年冬天的一个夜晚，瓦特正埋头于他的蒸汽机研究。

"着火啦！"

"快跑啊！着火啦！"

"火烧起来啦！"

"快跑！"

宁静的夜晚，忽然之间火势大起，街头上有人这样惊叫。只见浓烟四布，随着一阵风，"轰"地冒出一道火焰来。

瓦特家的隔壁着火了！

风势越来越大，附近成了一片火海，在这火焰中，赶来救火的消防队员的身影忽隐忽现。

邻近的居民大都已经逃离，唯独瓦特的房间里静悄悄，没有一点声音。

"奇怪！瓦特先生，太危险了！"

有一个消防员放心不下，飞快地跑进瓦特的家里，一看之下，不禁倒退了几步。

怎么回事？

浓烟不断地从窗外吹了进来，模模糊糊地只见一个男人静静地低头坐在桌子前，嘴里一边不知在嘟囔些什么，一边不停地挥动着手里的笔。

"啊！瓦特先生！瓦特先生！危险！"消防员大声地呼喊着。

瓦特这才把头抬起来，问道："有什么事吗?"

"火灾！发生火灾了！快点离开！"

瓦特这时才好像有了感觉似的，朝窗口下面望了望，外面尽是红红的火焰。

"哦！火灾！好像是火灾呢！"

"不要再耽误啊！不然可就危险了，快逃吧！快点！"

瓦特恋恋不舍地看着桌子上的那些制图，他还是坐在椅子上一动不动。这些都是他认真推算的结果，没有得出全部的结果之前，他实在舍不得半途而废。

消防员不得已，便把瓦特强拉起来，并把他推到院子里。

这时的瓦特似乎毫无知觉，倚在院子里的大树旁，仍旧陷于沉思中。

"蒸汽是水的变形，水也就是蒸汽的变形。"瓦特喃喃自语地望着自己的脚。

地上有许多消防队员所弃置的一些软水管，横七竖八地像蛇那样乱堆在地上，而水龙头所喷出来的那许多水柱，直把紧迫而来的火焰，喷得四下飞散。

这些瓦特都一一看在眼里，忽然大声叫了起来："哦！就是这个，就是这个！"

瓦特为了研究蒸汽机，甚至顾不得火灾的危险，真是一件不可思议的事情！

那个时候，瓦特所想的其实就是"潜热"这个问题。而直到那次的火灾，瓦特才豁然开朗，渐渐地摸到了一点头绪。

瓦特发现纽科门蒸汽机会消耗的蒸汽是如此之多，以至于超出了使用那只小锅炉的能力，而一次只能完成几个冲程。他决心要找出这种现象的原因，而他解决这个问题的方式与前人相比，则要根本得多、科学得多。

在此之前，德莎古列斯等人并没有对为何会消耗如此之多的蒸汽的问题给瓦特提供过完整的答案，但是瓦特意识到，要解决这个问题，必须要从已知的常数中确定某些测量的基础。

瓦特重新做了一次实验，他用一只水壶，从壶嘴上接一只管子，通到一个带有刻度的盛有冷水的烧瓶里。然后，他把水壶的水烧开，直到烧瓶里的水温度达到沸点，此刻就再也没有一点蒸汽会凝结了。

瓦特注意到烧瓶里的水已经增加了1/6，这便是蒸汽凝结出来的水。瓦特由此作出了一个正确的判断，如果把水变成蒸汽，那么水达到沸点的时候，它就比本身的体积增加了6倍。

然后，瓦特又把这一结果转化成温度的形式，他的做法是把1克水从零摄氏度提高到100摄氏度所需要的热量，作为100个热量单位。

实验开始的时候，烧瓶里的冷水温度是11摄氏度，因此，理论上来说，如果要把这1克水提高到100摄氏度，就需要89个热量单位。

然而，实验结果却表明，从水壶中出来的蒸汽，能够使等量水的温度达到沸点，并使其体积增加6倍，结果其所消耗的热量单位为534个。

基于好奇，瓦特曾把这件事情向迪克博士提起，想不到迪克博士竟是这方面的专家。

"这是我在1671年发现，而早已发表了的'潜热'现象。"

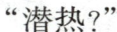

"潜热？"

"是的，在一会儿使水结冰、一会儿使水沸腾的情况下，可使温度不变而仍能吸收热。这种现象我称之为'潜热'。这种存在于蒸汽内的热，在汽筒内也是有作用的。"看见瓦特对于这个概念不是很明白，迪克博士耐心地解释。

"我知道了，如果在汽筒内喷射少量的冷水，这些水原是为了促使蒸汽凝结的，却往往被气化了，这就是蒸汽的一种潜热作用吧！"

这样一来，也可以说是一种偶然的巧合，瓦特把迪克博士的潜热，由实验而确定了。

这种潜热的作用，更加暴露了纽科门机的缺点。要想使喷射于汽筒内的冷水不至于被气化，除了增加冷水的量之外，别无他法。

可是冷水喷射过多，汽筒温度随之降低，要想再升高到沸点时，则又需相当的时间，非浪费掉许多的蒸汽不可。为了缓和这种矛盾，技术家们也只有在水的分量上适当地调节而已。

像这种耗费大量的蒸汽而需要许多燃料的纽科门机，对使用者来说是太不经济了，而在机械技术方面来说，它也有许多不合理的地方。

对于这种动作不灵活、浪费又多的机械，实在再也无法被人接受了。

瓦特把这架纽科门机模型修理好之后，又把它送回格拉斯哥大学的标本室。此后一年半的时间，他一直从事于研究工作，他决心研究制造出一部新的蒸汽机来。

突如其来的灵感

1765 年 5 月一个晴朗的星期日下午。

从教堂做完礼拜回来后，瓦特和妻子两个人简单地用过午饭后，瓦特说：

"亲爱的，我们出去散散步吧！"

"这可真是个不错的建议。我们好久都没有这样散散步了！"

妻子开心地说。

这是瓦特从少年时代以来养成的一种习惯，每当他要思考着什么的时候，马上从家里跑出去，在故乡格里诺克的森林中踱来踱去，一直到日落西山才回家。

对于因为在室内工作而感到身心疲劳的人来说，没有什么比去呼吸来自户外的新鲜空气更好的事情了。

更何况，今天又是星期日，必须严守安息日的规矩，即使是待在家里也不能够工作。

"今天天气也不错呢！"妻子玛戈蕾特面带笑容地回答。

对于一个传统的女人来说，没有什么比丈夫更加重要的事情了。瓦特最近一段时间常常是一个人待在工作台上一动不动，今天他提出要出去走走是多么难得啊，作为妻子的玛戈蕾特自然是满心欢喜地答应了。

晴朗的天空飘浮着朵朵白云，温暖的阳光普照着大地，一打开窗户，那种 5 月特有的和风就一阵阵吹进屋里来。

瓦特相信，只要再稍微努力一点，再多做几次实验，一种新的发明必将到来。

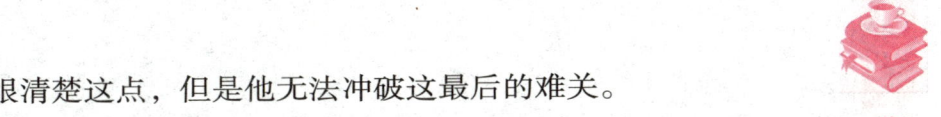

瓦特很清楚这点，但是他无法冲破这最后的难关。

已经有好几天了，瓦特总是坐在工作台前面，连实验也懒得去做。有时他坐在业已停止转动了的机械前面，静静地沉思，然后站起来，嘴里嘟囔着，在房间里走来走去。

即便是迪克博士来访，瓦特也没表现出极大的热情开心地畅谈一会儿。他们通常是在交谈了三言两语之后，瓦特就又孤零零地一个人去沉思了。

除了沉思以外，瓦特想不出其他更好的解决方法。

可是，严酷的现实已经不容许他再这样想下去了，因为困苦的生活正在紧逼而来。

瓦特之所以能没有后顾之忧地做他的实验，是因为有克莱格在帮他照顾店里的生意。

但是现在，克莱格竟突然死去了。这大大地出乎瓦特的意料。没有了克莱格，那么店面的生意就全部落在瓦特的肩上了。

对于生来就有学者气质的瓦特来说，没有比管理钱财出入这件事更感到棘手的了。克莱格一死，商店的经营便构成瓦特的重大负担。

不仅如此，连克莱格生前私下向他人所借的为数不算小的借款，也都得由瓦特来偿还。

更何况，瓦特为了研究蒸汽机，向迪克博士挪借的钱，已经达到近千镑的数额了。

为了赚点钱周转一下拮据的生活，也为了调整一下在研发蒸汽机时所接连受到的挫折，瓦特就在这个时候发明了透视器。

透视器的原理和结构并不复杂，它只是把原原本本的实物透视图，照样映在写生板上的一种装置而已。然而透视器却极有市场，颇受好评，甚至有远自海外来的订单。

透视器的出现稍微缓解了一下瓦特的困难生活，但是却没有办法补救瓦特那已经没落了的数学仪器店。

一边是日益困苦的生活，一边是阻拦在最后一步的发明难关，这个时候的瓦特，又一次陷入了两难的境地。

对于瓦特来说，一星期当中只有在星期日下午的片刻时间，他才得以舒缓一口气，轻松一下。所以瓦特常常利用星期日的下午到户外散步。

他尽可能地往行人稀少的路上走，因为是星期日，到处都显得格外的寂静。

虽然在缓慢地散步，但是瓦特的脑子里却一直被一个问题所占据。

"汽筒需要蒸汽时就加热，要使它凝结时就加以冷却，冷却时尽可能使用大量的水，反之，加热时就尽可能用少量的水。"

在这几天当中，瓦特无论是睡觉、吃饭或工作的时候，都不停地在思考着这个同样的问题。

安息日这一天，虽然禁止了所有的工作，但却未禁止人们用脑思考，这点对于瓦特来说，无疑是一大幸运。

从大街到小巷，从广场到大厦，瓦特足足走了差不多有一个多钟头。

"要使汽筒不必一冷一热地改变温度，就可以加快速度，并且不浪费蒸汽了！"

长期实验的结果，归纳起来就是这么一句

话，而剩下来的就是技术问题了。

瓦特无意中把头一抬，这时映入他眼帘的是一片绿油油的草地。

"美丽极了！"

5月柔和的阳光，普照在那片草地上，给人一种暖洋洋的舒适感。瓦特在一张长椅上坐了下来，闭上眼睛，托住下巴静静地养神，这时就好像在做白日梦似的，有一种恍惚的感觉。

这个时候，"热量和凝结"的问题，在瓦特的脑中悄然地消失了，使瓦特感到无比的舒畅。

"回家吧！"

瓦特站起来伸了一个懒腰，然后慢条斯理地走回家。他走过洗衣店，走过牧羊人所住的小屋，走过路边的小店，当他即将走过电影院的拐角时，忽然有一个念头飞进他的脑海里。

"由于蒸汽是一种具有弹性的物体。因此，凡是有真空的地方，它就无孔不入，如果在汽缸和蒸汽室之间加一个通道，蒸汽就会进入里面而冷凝，这样就不用冷却汽缸，纽科门机的问题不就迎刃而解了吗？"

想不到这个无意中冒出的念头，就把他在一年当中想了又想的问题完全解决了。

蒸汽因为具有推动力，所以能够冲入真空的容器里。要是把真空的容器附在汽筒上，蒸汽经过汽筒后就必定会进入那个容器里去，那么，蒸汽就可以在那个容器里凝结，而不必在汽筒中凝结。

也就是说，为了蒸汽的凝结，只要另外再做一个凝结器连接在汽筒上就行了，这样一来，蒸汽就在那里凝结，而不需要再把汽筒冷却，汽筒就始终是真空的了。

各种不同的工作，分别在不同的容器内进行，汽筒就可一直保持热度，凝结器就永远使它冷却下去，这样一来，就连一丝蒸汽也不会浪费掉了。

瓦特的脑子像风车一样不停地旋转着、思考着。更多时候，他的大脑就像一台永远不知疲倦的机器，不断地产生出新的思想来。

可是，这个冷凝器如果采用纽科门机的方法，喷洒冷水使蒸汽凝结，而喷洒的水和凝结而成的水，以及漏进来的空气，怎样逃出去呢？

这个问题又在困扰着瓦特，经过反复的思考，他想出了两个办法。

第一个办法是，如果能够制成向下延伸一百多米长的排水管，那么水就可以从这条管道流走，而所有的空气则可以从另一个小气泵抽出。

第二个办法是，制造一个能够把水和空气同时抽走的大气泵。

瓦特的想法，正在一步一步地接近成功的边缘。

分离凝结器的重大构思

从牧羊人住的小屋到高尔夫球大厦的一段短短的路程当中，瓦特得到了一个结论，那就是在汽筒之外再做一个凝结器。

说起来这是多么简单的事啊！在一次午后惬意的散步中，就得出了这个发明。

瓦特后来曾经谦逊地表示："如果说我有什么过人的地方，那就是得助于一种偶然，和看透人家所不注意的事物而已。"

其实，把这个发现当作是一种偶然的事是不对的，这是瓦特多年来刻苦研究所得来的成就。分离凝结器这种东西的构想，是经过了长时期的研究所达到的最后结果。

瓦特的这一重大构思完成了，他急于着手发挥，跃跃欲试，满脑子都是凝结器的想法，就连自己到底是怎样回到家的，他都搞不清楚。

"你回来了！"

当妻子玛戈蕾特一看到这位和出去的时候完全两样、满面春风的丈夫，突然推开房门进来时，她不觉睁大了眼睛这样问他。

"嗯！"

瓦特只答应了一声，然后他就在这个狭小的家中，从房间走到饭厅，再从饭厅走到门口，来回不停地踱来踱去。

脑子里面早已形成新机械的构思了，他忍不住就想要动手制作。可是今天是星期日，照例是禁止工作的。

"咯、咯、咯"，踏在地板上的脚步声，和他在脑中所装配的蒸汽机互相配合似的，已经开始转动起来了。

第二天一大早，天才蒙蒙亮，瓦特就迫不及待地跑到他大学朋友的家里。

"你家里是不是有一个大的黄铜制注水器？"

"哦，有的。"

"能不能暂时借用一下？"

"好的，你拿去吧！反正是没有用的东西。可是，瓦特先生，你拿它干什么呢？"

瓦特微笑着说："我想制造一个新的蒸汽机模型！"

瓦特向他道了声谢谢，就把那个黄铜制注水器带回家去，然后马上就把那个注水器改制为汽筒。

瓦特最初的蒸汽机模型是这样的：

一个汽筒，汽筒里面有一个活塞，活塞最下面，有一个吊东西的钩子。

汽筒通过管子与一个小锅炉相接，蒸汽沿管子进入环形的汽筒内，汽筒因此能保持很高的温度。

汽筒的旁边接着一个冷凝器，冷凝器顶上有一个可以排气的阀门，下面有一个排水的小管子。

小锅炉里产生的蒸汽顺着管子进入汽筒，汽筒里的空气就被压进冷凝器，随着蒸汽越来越多，冷凝器里的空气也从顶上的阀门被压出，这时冷凝器和汽筒都充满了蒸汽。

这时冷凝器被冷水制冷，里面的蒸汽凝成水，通过小管子不断挤出。

与之相连的汽筒内的蒸汽就不断地涌过来被凝结，汽筒成了真空。

活塞就被空气向上压，不断上升，活塞的钩子上所吊的东西就给吊起来了。

这个装置比纽科门机先进了许多，它能充分地使蒸汽进入到小管子里凝结，由于不浪费蒸汽，效率大大提高了。

"不错！不错！"瓦特高兴得拍起手来。

瓦特所设想的那个原理，经过这次实地的实验已得到证实了。

可是使凝结器冷却的水槽中的水，很快地就热了起来，因此活塞只动了三四下就突然停止了。瓦特便把那些消耗掉的蒸汽量和吊起的重量计算一下，知道了这种发明完全成功了。

然后，瓦特又造了一个汽筒直径大点的模型，对于蒸汽机方面又加以大大的改良。

瓦特发觉，当活塞下降时，空气也就随之进入汽筒内，汽筒于是就冷却下来，这时要想再提高温度，就得消耗一些无谓的蒸汽了，于是必须在活塞的上面紧密地加上一个盖子，改用蒸汽充入活塞的周围。

于是他必须在活塞的上面紧密地加上一个盖子，改用蒸汽充入活塞的周围。由于这种改良，蒸汽就不会浪费了。

这项新的装置，最重要的地方在于不让空气跑进汽筒内。为了防止这种现象的发生，瓦特才考虑到设计一个包住这个汽筒的第二汽筒，将蒸汽充满两个汽筒之间，完全用蒸汽来推动活塞上升。

也就是说，瓦特要将以往所利用的大气压力改为蒸汽，使过去的气压机械一变而为真正的蒸汽机械。

这又是一个新的飞跃。

寻求发明的资金支持

在设想到现实之间，有着漫长而艰险的道路，瓦特经过无数次的科学实验后，极力想寻求一位既有商业头脑又有经济实力的人合作，把他的蒸汽机推向市场。

如果说"科学"是发明之母，那么"资本"就应该是发明之父了。

在发明期间，瓦特也和其他的发明家一样，碰到了许多的困难和挫折，但是他并不气馁，因为他深深知道，那新蒸汽机将是个伟大而有用的发明。

可是，像他那样不屈不挠的人，也有一种无可奈何的困难，那就是缺少完成蒸汽机械所需的庞大资本。

瓦特在数学仪器上所赚的钱都用光了，此外向迪克博士所借的钱也有 1000 英镑了，可是瓦特的蒸汽机械还没有完全成功。为了新装置的实验，还得用上一笔庞大的费用，这笔钱叫谁出呢？

因经营烟叶而致富的巨商们，虽然有得是钱，但对蒸汽器械完全不感兴趣，而其他的制造业者又没有雄厚的资本。

如果没有资本家撑腰，实验就无法再进行下去了！

有一天，迪克博士对瓦特说："对于你的发明，只要是我能力做得到的，绝对给予援助。可惜的是，我的资本已经不济了。"

实际上，撇开利的方面来说，瓦特对这位始终给予援助、期望这个伟大的发明能够完成的迪克博士，已经是非常感激了。

"我只觉得对你感到不好意思。"瓦特感激而歉疚地说。

"这样吧！你认识不认识罗博克博士？"迪克博士打断了瓦特的

话问。

"哦！就是那位有名的化学学者。"瓦特说。

"是的。我跟他很熟，他是一个了不起的实业家，慷慨而且不畏困难。我想，作为你发明的支持者，没有比他更适合的人了！"迪克博士兴奋地说。

罗博克是加伦铁工厂的创始人，有着雄厚的资本。那个时候，他曾在巴拉斯特纳斯附近从事煤矿事业，所以非常关心矿坑内的排水问题。

这是一个多么难得的机会！

由于迪克博士的介绍，瓦特开始和罗博克互相通信。1765 年的 9 月，罗博克曾来信，邀请瓦特和迪克博士一起到他所住的地方去小住几日，共同研讨有关蒸汽机的问题。

这时候，瓦特因为仪器店的关系，一时无法前往，因而不得不把引擎详图给罗博克博士。

事实上，瓦特为了使这位新的支持者了解自己的发明，已经尽了最大的努力了。而罗博克的态度，却始终迟疑不决。

最使瓦特感到苦恼的，就是过去以及将来的蒸汽机实验费如何筹措这个实际问题。但是罗博克博士对于这点，却迟迟未将具体的方案寄来。

瓦特可以说是全神贯注在这种新的机械上，他的脑子里面不断地产生出新的构想来。可是，该怎样着手才好呢？就在这个时候，有人呼喊：

"瓦特先生！"

原来是鲁滨孙回来了，他依然是以前那副无忧无虑的样子。瓦特和鲁滨孙两人久别重逢，应该有很多话要说才是，可是，瓦特只是瞟了一下这位久别的鲁滨孙的脸。

"哦！你回来了。"

说着，他就自顾自把放在膝盖上的那小铁箱频频摆弄起来。但鲁滨孙对于这个是毫不介意的，拉了把椅子凑近过来，开始滔滔不绝地说："瓦特先生！我这次差不多算是跑遍了全世界，我在伦敦的制造厂所看到的蒸汽机械……"

瓦特耐着性子听了一会儿之后，就突然放下了手中的工作，看了鲁滨孙一眼，说："鲁滨孙先生，关于蒸汽机械的事，你可以不用再担心了，我现在正在制造一种不浪费蒸汽的新蒸汽机呢！"

鲁滨孙吃惊地把视线投在瓦特膝上的那个小铁箱上！

"哦？就是那个吗？不过我所看到的却和这个不一样呢！"然后鲁滨孙便对瓦特发明的始末，开始询问起来。

可是，瓦特却一声不响地把那个铁箱收藏在工作台的下面，缄口不语，整个儿精神都贯注在他所发明的分离凝结器的完成上。

瓦特打算一口气完成这个发明。

这种分离凝结器，的确是一种奇妙的设想，瓦特为了制造实际上能转动的模型蒸汽机，便在金格街口的牛肉市场内借用了一间旧仓库，就在那里着手制造。

瓦特的发明能否成功，还系于今后的实验。最要紧的就是制造一个大的机械，使它正式转动起来。光是机械本身，就需要一大笔费用，其他琐琐碎碎的生活费以及申请专利的费用，又能从哪里筹措呢？

遇到挫折并不气馁

自从瓦特热衷蒸汽机的发明以来，就不再关心器具店方面的事情，到了共同经营的克莱格一死，器具店就彻底地一蹶不振了。虽然后来瓦特发明了一个透视器挽救了一时，但是终究难以阻挡它的颓势。

此时，一边是自己辛苦的研究，眼看就有了结果但是却因为缺乏一笔强有力的资金支持而悬而待决；另一边，却是家庭生活的日益窘迫，来自于妻子和孩子的哭声让瓦特面临着最痛苦的抉择。

有一天，当迪克博士再一次来到瓦特店面的时候，看到瓦特正在整理店铺。

"瓦特先生。你这是在做什么？"

"迪克博士！我想再把店务整理一下，做个测量师！"

"但是蒸汽机方面的工作呢？"

"假使做得到的话，蒸汽机工作当然还是继续做下去。但是生活都成问题，还能谈到其他的事情吗？"

瓦特这样一说，迪克博士也没话好说。瓦特终于把器具店重整旗鼓做起来。

幸而，测量师这种新的职业，生意倒还不错。瓦特有充分的测量知识，只要能刻苦耐劳就行了。

1768 年，罗博克终于信任了瓦特的发明，寄来了一份合作的具体方案。

依照罗博克的方案，瓦特的 1000 镑借款和申请专利的费用，以及此后的实验费全都由罗博克来负担，但在取得专利权之后，2/3 的权利要归罗博克所有。

经过漫长时间的等待，瓦特终于和罗博克确定了合作关系。

由于和罗博克订了契约的关系，瓦特高兴得马上着手制造汽筒直径 25 英寸的大模型。

"这样准没有问题，马上去申请专利吧！"

瓦特就在那年的 8 月，到伦敦去申请专利。

之后，到了 1769 年的年初，瓦特的蒸汽机的专利才被批准下来。

那时瓦特已经 33 岁了，从最初开始实验起，足足费了将近 5 年的漫长岁月。这 5 年间，瓦特忍受经济上的压力，承担着生活上的困苦，碰到了许多困难和挫折，但是他并不气馁，因为他深深地知道，这种新机器将是伟大而有用的发明。

于是，瓦特开始准备这种新专利的试验蒸汽机的制造工作，在没有完成之前的一段时间，决定在基纳依尔的一所大房子里制造。那是罗博克的房子，位于山谷中的小河边，用水方便，而且不被人注意。

材料方面，一部分从格拉斯哥的瓦特工作室运来；另一部分则从加伦铁工厂运来。

可是，由于工人技术不熟练的缘故，工作进行得非常缓慢。甚至当瓦特有事不得不出去的时候，那些工人们便感到不知所措，只有呆呆地站在那里。

到了快要完成的时候，瓦特更是担心，每天晚上往往无法成眠。对他来说，恐惧远较希望来得大。

1769 年 9 月，花了 6 个月的时间，瓦特全力以赴，好不容易才把第一台机器完成了。但瓦特的第一台蒸汽机并不成功。

凝结器的作用不大好，加伦铁工厂所造的汽筒，也因铸造不良，根本就不能使用。最大的困难在于保持活塞的紧密，瓦特把软木、油布、麻布、旧帽子、牛皮纸，统统用来包扎，但是蒸汽照样漏出来，那些办法一点用处都没有。

瓦特耗费了自己全部的心血，但是面对着完全失败的第一台蒸汽机，他一时之间心灰意懒，甚至产生了想要放弃发明蒸汽机的想法。

> 我是多么的灰心，好像要死去似的痛苦。这些，我想你是无法想象得到的。
>
> 如果我有比较充裕的资本的话，也不至于会遭到这种失败。不过，由于我的计划，使得他人受到损失，在我来说，也实在是过意不去。我想我还是死了的好。

瓦特在给好友鲁滨孙的信件中，把他的痛苦毫无保留地说了出来。从这封信的字里行间能够看得出来，当时的瓦特确实遭到了巨大的打击。

好在瓦特拥有一个非常好的朋友，鲁滨孙在瓦特最困难的时候给予了他最温暖的帮助。

鲁滨孙在写给瓦特的信中安慰他道：

> 这次的失败，过错并不在于你的发明，这完全归咎于工厂的制造技术太差了的缘故。只要有可靠的技术好的工人，一定会成功的。

有了鲁滨孙的安慰打气。瓦特这才鼓起了勇气，打算重新开始，一定要发明出一台成功的蒸汽机。

但事情的发展总是这样的一波三折，当瓦特重新站起来的时候，他的合作伙伴却倒下去了。

瓦特研究蒸汽机的投资商罗博克先生就在这个紧急的关口因为事业的全盘失败，无力再对瓦特进行资金支持了。

因为罗博克投资在煤矿上的钱，除了自己的财产之外，还有许多亲戚朋友们的钱，而现在生意失败之后，他的经济状况就非常地糟糕了，因此，罗博克就不能履行所订的契约再替瓦特出资本了。

没有办法，瓦特只好向亲密的朋友迪克博士借钱，并继续工作下去。

瓦特在研究蒸汽机械期间，他还从事其他方面的研究和发明呢！

譬如他设计了一种使烟囱里的烟完全滤净的装置。此外又发明了精确的距离计，并且改良了测量用水准器。他在普罗米洛陶器工厂，从事陶器制造的实验，也参与了碱业工业上的海盐分析实验。

后来，又发明了测量用的棱形测微计，同时又制造了一种新的反射镜象限仪，改良晴雨计和温度计。但是，这种多方面的研究或发明，在金钱上根本就得不到什么报酬。

瓦特有一位叫作哈顿的朋友，在贺年卡里这样写道：

恭贺新年！谨以此卡祝福你幸福、快乐，但是我希望你不要再从事什么新发明了。

在这个只重报酬不问工作的社会里，发明是一件吃力不讨好的事。

因为缺乏资金上的支持，瓦特的研究陷入了一个低谷。而这个时候他的孩子已经到了上学的年龄，瓦特不得不重新打起精神，寻找一份工作养家糊口。

为了生活而努力奋斗

长期从事于没有报酬工作的瓦特，现在的生活就更加艰难了。

瓦特辛苦的研究和创造换来的那些小小的发明，实际上并没有给他带来一丝一毫的经济收入，唯一给他增加的却是做各种实验所支付的债款。

摆在瓦特面前最重要的任务就是养家。这一家大大小小的吃喝是需要经济能力来维系的。

瓦特深思着，他觉得自己唯一可走的路，还是当一个测量技师。

1770 年 4 月，瓦特为了进行蒸汽机的试验，正想到基纳依尔去的时候，格拉斯哥有新的工作任务下达了。

"以前申请的蒙克兰特运河的许可已经批准下来了，工程马上就要进行，能不能前来担任监督呢？"

如果瓦特接受并承诺了这项工作，那么，就意味着他必须将蒸汽机这项工作彻底放弃，他感到前所未有的困惑。

瓦特想，如果轻易就拒绝这个差事，真不知道什么时候再有这种工作了。

"只要对蒸汽机的完成有把握，根本就不必从事这种土木工程。可是我有家庭负担。"

在发明与家庭责任中不断地反复选择之后，瓦特终于正式地接受了年俸 100 镑的运河工程技师的职务。

这样一来，瓦特一家人才不致陷于挨饿的地步。可是，土木技师这种粗重的工作，毕竟是不大适合他的。

蒙克兰特运河的工程不大，因此无论什么测量师、监督、技师、会计等，一切都得由他一个人包办，而且还得管理那些工人。

要是像以前那样光是测量土地倒也还好，现在的情况是，无论支付大群工人的工钱，还是一切工程费的契约和结算，统统得由瓦特一个人来承办，这么繁重的工作实在是令人受不了。即使这样，瓦特还是付出了很大的努力和心血，忍耐了一年多的苦楚，终于完成了那个工程。

可是在这期间，瓦特根本没有实验蒸汽机的机会，蒸汽机的发明也就暂时停下来了。

后来，瓦特为了通航的便利，便从事克莱德河水道的测量工作。

虽然政府过了几年后才依据他的报告而施工，但是终究使这条以出产鲜鱼有名的克莱德河，成为世界上船舶来往次数最频繁的一条航路。

此外，瓦特又测量了巴斯至古柏·安格斯间的运河，以及莱兰运河，还做了西部高原地方的一些测量工作，事情虽然很忙，但所得的报酬却很少。

为了照顾家庭，瓦特一次又一次地忙于工作，至于蒸汽机的研究发明，被他远远地放到了一边。

从1772年开始到1776年，英国被一种全国性的不景气所侵袭。

先是由伦敦开始，相继出现各行各业的破产者，而首都的这个余波又开始殃及全国各地。

在苏格兰方面，所有的民间银行业者，也差不多全都破产了。

正是因为这个经济危机的原因，本来如火如荼进行中的运河工程计划，也突告中断了。从事土木技术工作的瓦特也因此失业了，所以，他不得不再去过着在人海中随波逐流的生活。

如果事情任由这样继续发展下去，瓦特今后所能指望的恐怕也只有蒸汽机这个发明了。但是他的靠山罗博克，这个时候的情况比瓦特还要来得更惨呢！

原本惨淡经营的罗博克的事业，虽然一时还看不出任何破产的迹象，但是由于受这次全国经济恐慌的影响，他企业内部的一些问题全部都暴露出来了。

罗博克此时正面临着破产危机，他原本计划要为瓦特的蒸汽机出资金的，但他仅仅付出最初的 1000 英镑之后，其他部分分文未付。

如果罗博克不替瓦特付清这笔钱，就意味着，这笔钱就将成为瓦特的债务。

站在瓦特的立场来说，他是可以控告罗博克违约的，但是，善良的瓦特却这样说：

"罗博克博士当初如果没有对我的发明订下合约，是不会变得那样惨的。"

瓦特同情现在不名一文的罗博克，甚至表示只要能够缓解罗博克的困境，自己受点损失也无所谓。

"若把基纳依尔那些装了一半的蒸汽机再改造一下，制成和现在坑内所使用的纽科门机同样的东西，再把它卖了，或许多少可以周转一下，暂时缓解困境。"

瓦特便设想着在这样的情况下，原先的研究已经无法继续，不如把它修改一下，整合成纽科门机出售。

罗博克也想把他所持有的 2/3 的专利权，如果可能的话，都换为现钱。

但是当时英国爆发了经济危机，人人都陷入了恐慌的境地。

那些成功的企业家，对于维系自己的事业都感到异常艰难，况且蒸汽机发明是一个需要投入巨资的事业，因此瓦特连续拜访了一些社会名流，但都不约而同地遭到拒绝。

瓦特不得已，只好东拼西凑地借了些钱来还债。

但是在这个时候，又发生了一件令瓦特痛心不已的事情。

1773 年的秋天，瓦特正在测量加特利安运河，天下着大雨，瓦特和工人们正在忙碌地测量着数据。

正在这个时候，一个工人冒雨跑了进来。

"先生！瓦特先生！大事不好了！"

"什么事情？"

"格拉斯哥刚才有人来说，您的夫人……您的夫人病危了。"

"什么？"

瓦特一听立即跳了起来，他不顾一切地冒着大雨赶回格拉斯哥去，当天晚上到达威廉堡，随后抵达丹巴顿。

他在那里写道：

"我必然丧妻的预感是如此的强烈、确切，以至于我无法继续往前走了。"

第二天上午，迪克博士前来接他，从他黑色的外衣和面部那近乎僵硬的表情中，瓦特已经完全不抱有任何希望了。

瓦特匆匆赶回了家，可是，走进家里的大门一看，妻子已经等不及丈夫的归来，离他而去了。

妻子的去世，是瓦特一生中所受到的最重大的打击，瓦特陷入了人生的最低谷。

玛戈蕾特曾经陪伴他长时期在贫困中挣扎，而且对于瓦特的种种不安和失望，也不时地予以安慰和鼓励。但是她却没有看到丈夫辉煌的成就，也没有享受到晚年的幸福，就独自到另一个世界去了。

1770 年到 1774 年，这 5 年是瓦特一生中最黑暗的一个时期。

事业上接连遭遇的挫折，妻子的不幸离世，这一连串的打击使得瓦特在很长一段时间内都精神萎靡，一蹶不振。

他把自己关在屋子里，什么事情也不干，他忽然间觉得人生已经没有什么乐趣了！

幸好，瓦特并不是一个只会叹息而不知振作的人，从小他就是一个责任感极其强烈的人。

他想，妻子虽然去世了，但是他还有可爱的孩子，两个幼小的生命还需要他这个父亲的照料。

"假若我不能忍受这个不幸的遭遇，毫无疑问的，我的两个孩子就得在他人的同情之下讨生活了。"

瓦特比以往更热心地工作，想借此忘掉内心的悲伤。但是要使心境平静下来，是多么困难的事啊！

功夫不负有心人，瓦特的艰苦努力终于引起了一个大企业家的注意。

他是罗博克的朋友鲍尔顿。鲍尔顿接替了罗博克的位置与瓦特合作，使得瓦特终于有机会再一次制造他的蒸汽机。

找到新的合作伙伴

伯明翰向来就是英国的机械工业中心，有"欧洲的大装饰品店"之称。鲍尔顿是当时伯明翰数一数二的大工业家。

因为伯明翰在之前的一段时间内经常制造和销售一些劣质产品，所以在当时，"伯明翰制"就成为粗劣品的代名词。

鲍尔顿为了把这个污名一扫而光，对于提高制品的品质方面颇下了一番功夫。为此，他还从法国和意大利聘来了第一流的工艺家，而制造方面则雇用最精干的工人来担任。

自父亲手中接受了大量财产的鲍尔顿，本可以逍遥自在地过日子，可是他的志向并不在于继承父亲的事业，而是想创设一个可作为世界模范的优秀制造厂！

这样一来，伯明翰的基地实在太过于狭窄了，经过四处寻求，他终于在伯明翰以北约三公里的地方，发现了一块中意的土地。那个地方叫作塞荷，是一处仅能放羊的荒地。

鲍尔顿在那里建设了大规模的工厂之后，很快地就把工具、机械、工人及其他的工作人员，全部迁到这个新创立的塞荷制造厂。这里设有宽广的厂房，能够容纳1000名以上的工人。

鲍尔顿为了洗去"伯明翰制"的恶名，特地亲自跑到伦敦，临摹一些博物馆中所陈列的精品，一听到有稀罕的美术品要出卖，就不惜高价收买下来，甚至还向女王或贵族们借一些古代的烛台或花瓶等东西来参考。

在这么多的商品之中，他最热衷的是钟表类的产品。

"所有的产品，只要有优秀的机械来大量制造，就可以生产既便宜而且品质又好的东西。"

这是鲍尔顿的信条。当时独霸英国钟表市场的是法国制的钟表，鲍尔顿决心与之竞争。不久，塞荷制的漂亮钟表渐渐地为上流社会欢迎了。

不到几年的工夫，塞荷就成为英国足以自豪的一个地方了，它的名声远播海外。外国来的人士，也把它当作是英国的名胜之一，三番两次地到那儿去观光呢！

塞荷制造厂最初的主要工作是金属线细工、镶嵌细工、纽扣、钟表，以及其他装饰品的制造，另外还制造了许多的烛台、壶、煤气管等东西，销路很好。

随着制造厂迅速地发展，所需资本越来越大，相应的利息的负担也就越来越重了，可是鲍尔顿并没有放弃，而是咬牙继续支持。

"有1000名以上的工人，仰赖塞荷这个制造厂来维持生活，他们流了不少宝贵的血汗，才有今天这个组织良好的工厂。所以无论如何，我们必须排除万难，继续经营下去。"

鲍尔顿是一个负责任的老板，他的责任心感动了全部的员工，于是大家更加努力地工作。这所塞荷制造厂，终于冲破了层层的难关，逐渐发展壮大了。

作为一名成功的企业家，鲍尔顿在国内外有许多的朋友，罗博克也是其中之一。

有一天，鲍尔顿从罗博克那里听到了有关瓦特研究蒸汽机械的事情之后，马上就表示感兴趣："哦！我真想见一见瓦特这个人呢！"

1767年夏天，瓦特因为有事要去伦敦，回来的时候，就拿着罗博克的介绍信，顺便转到塞荷去。可惜鲍尔顿不在，于是由一位在塞荷制造厂内担任顾问工作的斯毛尔博士作为向导，邀请他在工厂内详细地参观了一番。

"这样好的设备！这样好的组织！要是在这个工厂制造蒸汽机械

的话……"瓦特当时就心动了，他非常羡慕这所塞荷制造厂。

翌年，为了蒸汽机的专利权，瓦特再度到伦敦去，回来时又转到伯明翰，直到这个时候他才首次会见了鲍尔顿。

也就是从那个时候开始，瓦特和鲍尔顿之间建立起了长达一辈子的深厚友情。此后的几十年中，不管发生什么事情，都不能影响到这位大发明家和这位大企业家之间的深厚友情。

"瓦特先生！你来得正好，请你宽心地在这里住下去，并请到工厂去参观一下。我还要跟你谈谈呢。"鲍尔顿高兴地说。

瓦特见到生性宽宏大度而不拘泥小节的鲍尔顿，心情感觉轻松了不少。而鲍尔顿对这位初次见面的瓦特也非常欣赏，一下子就看出他不单是个天才的发明家，而且还是个热心而谦逊的人。

从表面上来说，这两个人的性格完全不一样。

瓦特小心谨慎地从事发明工作，而又具有异乎常人的热心和耐性，但对事业却毫无把握。鲍尔顿却是一个大胆、乐天、不畏困难的人，他是一个经常抱着远大的理想、大刀阔斧实行的企业家。

就这样，两个人了解了彼此的个性之后，非但没有疏远，却反而更加紧密地契合了。

瓦特在鲍尔顿的塞荷住宅，过了约两星期愉快的日子。期间，鲍尔顿曾详细地倾听了许多瓦特对于蒸汽机械的构想。

"瓦特先生！你的蒸汽机确是一种非凡的发明，如果能好好地努力下去，将来我一定尽我的力量来帮助你。"鲍尔顿这样勉励瓦特。

瓦特想：要是有鲍尔顿这样一位大企业家来参加，事情就好办多了！

"那么就请先生多多指教了。请和罗博克博士商量一下。"瓦特说完就辞别了鲍尔顿回家了。

不用说，瓦特一回到格拉斯哥就把这件事对罗博克说了。

"嗯！鲍尔顿先生是那么说的吗？"罗博克扬扬得意地说。

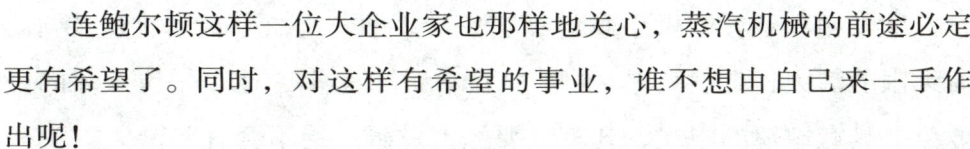

连鲍尔顿这样一位大企业家也那样地关心，蒸汽机械的前途必定更有希望了。同时，对这样有希望的事业，谁不想由自己来一手作出呢！

起初，罗博克同意把自己所有的 2/3 的专利权，分一半给鲍尔顿来共同经营，但是后来又变卦了，说道："那么，就把英格兰中部三州的专利让给鲍尔顿先生吧！"

鲍尔顿到底肯不肯接受这个条件呢？瓦特马上把罗博克的话照实告诉了鲍尔顿。

瓦特的命运就系于鲍尔顿的回音了，他度日如年地盼望着伯明翰的来信，一个月后才接到一封回信。

但是，鲍尔顿的回复，却令瓦特感到难过，因为鲍尔顿觉得三州实在太少了。在回信中，鲍尔顿坦诚地说，他之所以援助瓦特的发明，一方面是基于他和瓦特的友情，但另一方面也是想借此赚钱。所以，他请瓦特无论如何体谅他的决定。

瓦特是多么希望鲍尔顿能参加这个事业啊！

后来，罗博克博士虽然带了新的提案，亲自跑到伯明翰，和鲍尔顿直接谈判，但是，这两位企业家的意见始终无法取得一致。

"天有不测风云，人有旦夕祸福。"祸福好比是连接着的绳子那样，接踵而来。

罗博克的破产一经裁定，债主们纷纷前往讨债。但是，没有一个人对于蒸汽机专利权的价值加以认定，他们都目光短浅地认为这是一种毫无前途而又难搞的事业。

所以，当鲍尔顿决定以罗博克的债务作为抵偿而取得该项权利时，其他的债权人莫不感谢地说："谢谢！亏了您这才得以圆满解决了！"

实事求是地说，能把瓦特的发明推向成功的人，走遍全欧洲恐怕也找不出像鲍尔顿那样合适的人了。

鲍尔顿和不喜欢做生意的瓦特完全两样，他是一个大胆、热心，有无限的活力、生性就喜欢做生意的人。事实上，他是一位天才的企业家，具有敏锐的眼光，凡事只要经他过眼就绝不会有差错。

下自工厂机械的小小故障，上至欧美以及东方的市场，他都一目了然。而且在追求事业的成功上，他又有一种比什么都来得重要的忍耐力。

这样，作为一个企业家，鲍尔顿可以说是天下第一的了，但他不是一个普通的商人。虽然在他很年轻的时候，因为投身商业界而中断了学校的学业，但由于自己不断进修的关系，所以他不仅很有修养，也很有见地。

鲍尔顿只有一次感到紧张，那就是得知瓦特的好友鲁滨孙的一封来信的时候。当时鲁滨孙在俄国，他要瓦特到他那里去，并且保证会给他安排一个年薪 1000 英镑的职务。

面对着昔日好友的盛情邀请，瓦特当时有点怦然心动，当鲍尔顿听到这个消息的时候，他开始忧伤地说道：“我开始为您当这位大使的吹鼓手而遗憾。”

他在给瓦特的信中这样写道：“天哪！当我听说您被一只俄国熊用大爪子拖往俄国的时候，我是何等的惶恐不安啊！如果另外有办法，我祈求您不要走，但愿您那燃烧的发动机会把您留下！”

鲁滨孙的邀请对于瓦特来说，确实是一个不小的诱惑，但是好在瓦特选择了抵制诱惑，他坚定地选择和鲍尔顿在一起，并结下了那长达 25 年的不解之缘。

发明蒸汽机

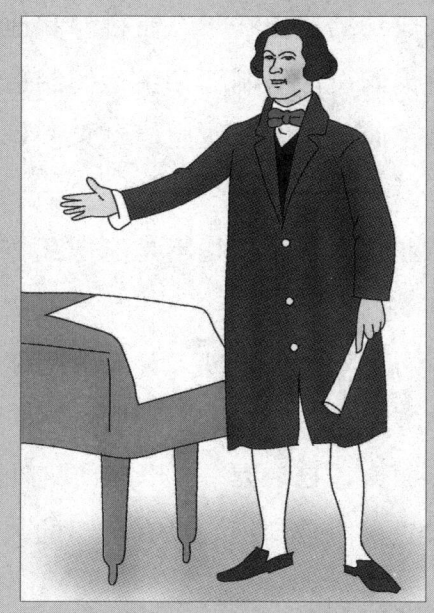

  事实上，发明家想到的东西，很多人也想到了，只是他们没有勇气和毅力面对罢了。

——瓦　特

制造第一台蒸汽机

鲍尔顿是一个大胆、热心的企业家。他一直深信瓦特的发明是一件了不起的事。然而，鲍尔顿在承接瓦特这个蒸汽机时，并没有对这个事业抱着一种必定成功的自信。

纽科门式蒸汽机成功的秘诀在于，纽科门和他的助手们本身都是作坊工匠，机器既由他们设计研制，又由他们制造。而瓦特则不是这样，他只是设计模型，而由工匠们按照模型来制作，这使机器的制造受到了一些限制。

但是以现有的工业技术来说，是不是能把瓦特的设计顺利地制造出来呢？

"我最担心的是不能找到可靠的工人来制造你发明的蒸汽机。假使以现在的技术还无法制造出你的蒸汽机来，即使发明的构想很优秀，以工业界的观点而言，它还是一个完全没有价值的东西。"鲍尔顿并不担心瓦特的设想，但是却担心没有足够的技术将这个天才般的设想付诸实现。

"是啊，我也是这样想的。不过关于这一点，我倒是有个建议。"

"哦！是什么？"

"我最初看到塞荷制造厂的时候，实在使我非常羡慕。那样好的设备，那样优秀的技工，如果有如此优良的条件，还不能把我的蒸汽机造好，那就是设计不好的关系了，我只有再把设计改良一下。"

"好的，幸而在基纳依尔装配中的蒸汽机所有权是我的，把它移到塞荷去装装看吧！"

瓦特马上将基纳依尔的蒸汽机加以肢解，把铁制品、汽筒、唧筒等重要的零件，严密地包装起来，由海路转送到塞荷去。

1774年5月，瓦特38岁生日过去以后，他在提出了英巴纳斯运河的报告书之后，就带着两个孩子离开故乡苏格兰，向伯明翰出发了。

鲍尔顿非常热情地接待了瓦特一家，并把自己的房子供给瓦特一家来居住。

从基纳依尔运来的蒸汽机零件，马上就在塞荷制造厂里给装配起来了。庆幸的是技工的本领很优秀，所以一切都进行得很顺利。

有了第一次的失败经验，瓦特这一次和塞荷的工匠们仔细地探讨和说明了一些制造蒸汽机某些零件的关键。

开始的时候，瓦特为了解决活塞漏气这个问题，作出了持久艰辛的努力。他早先在格拉斯哥的时候也是如此，为了解决这问题，瓦特做了许多种尝试，采取了很多不同寻常的防漏方法。其中就包括采用马粪和牛屎做原料，反复辗轧制成纸张，还有帽子制作商制造的那种毛毡布，以及他在过去已经使用过的各种特殊的旧纸板等。

瓦特还尝试过在活塞上面放重物，把衬垫给压下去，所想的各种办法都没有取得成功，直到采用锡锭做的汽缸某部有裂痕之后，实验才告结束。

"你好，威尔金森先生，关于活塞漏气这个问题，应该采用什么材料来制作呢？"

瓦特在经过种种实验都告以失败之后，曾经一度烦躁，这个时候他的合作伙伴鲍尔顿给他介绍了一个人——著名的铁匠约翰·威尔金森。

威尔金森被人称为"铁狂"，是附近有名的铁匠。他和他的两个儿子约翰及威廉，是英国铁匠中最早的两大家族之一。威尔金森在铁器方面有着卓越的技术，他还获得一项新的镗床的发明权。

威尔金森为瓦特制造了一个铁制的汽缸，在以后的几次试验中，又帮瓦特解决了一些重要的技术难题，可以说，威尔金森的加盟，对

· 125 ·

于瓦特蒸汽机的成功发明，具有不可替代的作用。

假使没有这样一个技术超群的技术工人的加盟，瓦特即便是有再好的构思，恐怕也只能画在纸上，而不可能成为影响产业革命的伟大发明了。

在各方面众志成城的努力之下，第一台蒸汽机终于成功了！

而这个时候，从瓦特开始研究蒸汽机械以来已经整整十年了，瓦特这才头一次将自己成功的消息告诉故乡的父亲：

我在此地所做的工作，总算已告成功了。我所发明的蒸汽机现在正在转动着，这比以往所做的任何蒸汽机都要来得好，我想这个蒸汽机对世界的人类将有更大的益处。

瓦特的研究终于成功了，但是他的合作伙伴鲍尔顿却还有许多问题等待解决。

瓦特作为发明家，只需要设计图纸，交给优秀的工匠把他的设计图变成现实可用的机器就可以了。但是他的合作者鲍尔顿，则需要将已经生产的机器成功地应用在工业化上面。

而要达到这样的效果，除了有一股坚韧的毅力和奋勇拼搏的勇气之外，更需要一份理性的长期计划书，否则事情进行到一半，总会因为这样或那样的问题而中止。

摆在鲍尔顿面前最严重的一个问题便是瓦特蒸汽机专利权的问题。在 1769 年，申请专利成功之后，他所获得专利权年限是 14 年，而现在 6 年时间过去，瓦特却连一架蒸汽机都还没有上市销售。

鲍尔顿是一名企业家，企业家是需要考虑成本与利润之间的价值关系的，在蒸汽机没有上市的情形下，已经过了 6 年的时间了，那么剩下的这 8 年的时间，是否能够如事先预想的那样，为全世界供应蒸汽机呢？

已经投入在蒸汽机研发实验所耗费的高达数千英镑的研究费用，什么时候才能够赚回来呢？

而且瓦特的蒸汽机不可能一上市就非常完美，今后肯定还需要经过多次的研究和改良，那么这笔预算又要从什么地方去支付呢？

如果将来真的能够依靠蒸汽机来赚取大量利润的话，那么蒸汽机的专利权就必须要往后延迟，而且是越长越好。这样的话，哪怕将来投资失败，一无所获，还能指望像罗博克那样把专利权转手出去，套取一部分现金。

鲍尔顿把自己的想法和瓦特沟通了一次。

"瓦特先生，我的想法我想你应该明白了吧！只有麻烦你了，请你到伦敦去一趟，努力争取延长专利期限，不然的话，蒸汽机的制造将无法大规模实行呢！"

"我知道了，我一定会努力争取。"瓦特信誓旦旦地保证。

1775年的2月，瓦特告别鲍尔顿，带着任务向伦敦出发了。这是他第三次去伦敦，距离上一次去伦敦已经过去了好几年。

当时的英国议会，其组织和议员都不及现在来得健全，哪个行业赚钱，哪个行业在议会中的势力就大，而在那个年代矿山业无疑是议会中最强大的势力。

"不行！这件事情绝对不能答应。把已经授予的专利权期限延长这种事情，根本就无例可循。如果把这种独占事业的提案予以通过，那就是无视公众利益，全部为黑心的资本家牟利了。"

"专利权期限已经有明文公示，期限时间到达就应该给予世人无偿使用。当年纽科门蒸汽机就是如此。瓦特先生这项提议完全就是出自私利，绝对不能答应。"

以矿山业主们为主体的议员们纷纷反对着。对于他们来说，开矿与蒸汽机的联系太密切了，如果蒸汽机的专利权期限结束，那么他们将无偿使用。

但是一旦瓦特的专利权期限被予以延长，那么在相当长一段时间之内，他们只要使用这种蒸汽机，就必须要支付相当额度的专利使用费。

资本家都是唯利是图的，又怎么可能会让这项提议轻易通过呢？

平时生活中略有些怕羞的瓦特，这一次却站起来了。有生以来，为了捍卫属于自己的权益，他作出了最勇敢的辩解。

"我的发明能为大家所利用，我很开心，这是公众的一种利益。但是，我这次要求延长专利期限，绝不是想独占蒸汽机的事业，而是希望能将一直以来用在从事于发明的巨大费用，以及今后改良和完成蒸汽机时所需要的费用，尽可能地使用合理的手段争取回来而已。无论如何，没有法律的保障，蒸汽机这种事业是不可能健全地发展起来的。"

瓦特义正词严地将这个道理向大家陈述了。远在塞荷的鲍尔顿听说了瓦特在议会上的陈词，他下意识地察觉到这件事情的严重性，于是匆匆将手中的工作放下，马不停蹄地赶往伦敦。

经过各方面的奔走游说，议会终于通过了议案，准予瓦特的专利期限再往后延长25年。同时，专利区域也扩展到了苏格兰全境。

解决了专利权使用期限的问题，第一台蒸汽机也如愿地成功发明出来。伟大的发明家和雄心勃勃地企业家联手合作，仿佛看到了蒸汽机事业辉煌的未来！

与鲍尔顿的真诚友谊

1776 年 3 月 8 日，经过各方面的准备，瓦特和鲍尔顿决定进行一次实验，他们把这部 50 英寸高的大型蒸汽机架设在布伦田地上。

全国的矿山业者，以及科学界的名流们、工厂主们都纷纷跑来观看这个具有伟大力量的奇异机械：瓦特的蒸汽机效果到底有没有像他之前所宣传得那么好呢？

"准备好了没有？开始。"

伴随着瓦特的一声令下，工人们将蒸汽机启动了，霎时间，轰隆隆的蒸汽机便在旷野上发挥着无穷的力量，所有参观的人都惊呆了。

瓦特的蒸汽机从构造上简单地说，就是在老机器只有一个汽筒的基础上，在外面加了一个汽筒。当汽筒内活塞升到顶部时，就把下面的活门关上，由上面的活门输入蒸汽，借膨胀力将活塞压下；而当活塞下降时，则关闭上面的活门，由下面输入蒸汽，将活塞推上去。蒸汽一直在两个汽筒间活动，完全没有空气的参与。

过去的纽科门机与其说是蒸汽机，还不如说是气压机来得恰当，因为它是借助大气压力而转动的，避免不了漏入空气的弊端。

瓦特所发明的机器，用蒸汽的膨胀力，可谓名副其实的蒸汽机。

这一天，瓦特的这个蒸汽机，就在众目睽睽之下，发挥出它那无比的威力。实验的效果非常好，瓦特和鲍尔顿都大为满意，于是就在塞荷制造厂内设了一个制造蒸汽机的工作场所，准备正式从事蒸汽机的制造。

"瓦特先生，订单又来了。"

"是哪里的？"

"刚刚接到了两个大的蒸汽机订单，一个是普罗斯利工厂，用来作为普罗斯利工厂的风箱的动力，唧筒的直径要求是38英寸。另外一个是布伦福特煤矿厂用来抽水用的，直径要求50英寸。瓦特先生，这些大概什么时候能够做好呢？"

"大概半个月吧！"

"那好，一切就麻烦瓦特先生了。"

以前制造的唧筒，直径最大的也就是18英寸，但是现在上门订货制造的竟然出乎意料地达到了50英寸。这在技术上来说，需要多么高的技术含量和谨慎行事呀！

但是这对于鲍尔顿来说，却是一件再好不过的事情，只要能够制造出这么庞大的蒸汽机，并且切实地展示它的威力，那么在宣传方面，这就已经取得百分之百的效果了，以后的发展前景也就乐观了。

瓦特不遗余力地设计图纸，工匠们也都一显身手，尽心尽力地努力工作。蒸汽机的订单越来越多，瓦特开始整天忙得脚不沾地。

6月份的某一天，瓦特开怀地对鲍尔顿说道："鲍尔顿先生，有件事情和您说一下。"

"什么事情呢？"

"我想暂时回到格拉斯哥去。"

"是不是去探望令尊大人？"

"这是其中的一部分原因，事实上我这次主要是回去结婚的。"说到这里，瓦特略显羞涩的脸庞上浮现出淡淡的幸福。

"那太好了。你有两个小孩子拖累着，说起来真的是太不方便了，以前就想劝说你结婚。那么，新娘子是谁家的姑娘呢？"

听到瓦特准备结婚了，鲍尔顿开心地笑着说。作为瓦特最好的朋友，他自然是乐于看见瓦特有个幸福家庭的。

"是格拉斯哥的染匠詹姆斯·玛格莱加先生的女儿，名叫安·玛格莱加。"

"那么，瓦特，恭喜你了！预祝你新婚快乐！就快点回去吧！"

怀抱着喜悦的心情，瓦特在 7 月里回到了故乡格拉斯哥，他先是回到格里诺克看望了自己在家里休养的父亲詹姆斯，然后又回到格拉斯哥大学拜访了从前的一些好朋友。

就在瓦特和安的婚事即将决定的时候，父亲为了慎重起见，突然想看一看他和鲍尔顿所订的共同事业契约书。

原来瓦特和鲍尔顿因为彼此互相信赖对方，对蒸汽机共同事业，从他们联手合作开始，竟然只是口头上作出约定，而实际上正式的法律文件却还没有签约呢！

瓦特在给鲍尔顿的信中这样写道：

想不到这位老绅士竟要看一下我们共同事业的契约书。当然，到现在为止，我们还不曾订过那种契约。可不可以麻烦你写张合乎法律的契约书，签好马上给我寄来？

我因为怕他老人家怀疑，就对老人家表示：像那样的证件有是有的，因为只有这么一张，所以不便带在身边。因此，你在寄来的时候就说是抄本好了。

事情总是这样凑巧，瓦特的信件送到鲍尔顿手里的时候，偏巧律师不在，无法做一份法律上的契约书。生恐瓦特着急，影响到好朋友的婚姻，鲍尔顿只得匆匆地将内容的纲要写了几条条文，以作为瓦特用来证明的证件，寄到格拉斯哥去。

这张半真半假的证件总算是瞒过了老人家，瓦特也顺利地和安举行了结婚典礼。但此后瓦特和鲍尔顿两人之间，就再也没有订过什么法律上的契约书。

瓦特和鲍尔顿两人各以人格互相信赖着，像那种仅具形式的证件，有也好没有也好，对于实际上的事业根本没有一点影响。

不断改进蒸汽机

婚礼结束以后，瓦特将新娘带回了伯明翰。那一年的整个冬天，瓦特都和新娘子在伯明翰度过。第二年的 3 月，他们迁到哈巴丘陵上的利杰恩兹居住，利杰恩兹位于塞荷附近，从制造厂步行约 15 分钟就可到达。

瓦特的新房子建造得十分的华丽，以它为中心的地方不仅成为瓦特的工作本部，他的助手们也开始陆续搬到这里工作。

对于瓦特这样一个有着两个幼小孩子的单身男人来说，这次结婚的目的很明显，显然是为了图个方便。

但是后来这件事情却被瓦特称之为"自己一生中最为明智的决定之一"，可见这次婚姻经受住了时间的考验，倒也不失为一桩十分美好的姻缘。

当瓦特不在的时候，塞荷制造厂收到了一批蒸汽机的订单，鲍尔顿因此忙得团团转，所以无法参加瓦特的婚礼。

当瓦特再次回到塞荷基地的时候，鲍尔顿正忙得脚不沾地，看见瓦特回来，他立即激动地说道："哦！我亲爱的伙伴，你可终于赶回来了。新婚愉快！打扰了你的生活，真是不好意思。"

"谢谢！没事。怎么样，什么事这么着急喊我回来？"

"是这样的，我接到了一个很大的订单，伦敦郊外库克公司的酒厂向我们预订了一批蒸汽机。这件事情很重要，所以我才紧急地请你回来主持大局。"

"不是矿山要用的？"瓦特觉得很奇怪，以前的订单大都是矿山预订的，什么时候酒厂也开始来向他们下订单了？

"当然，矿山也有许多的订单，不过我认为还是把酒厂要的这个先弄好送到伦敦去，因为以前我到伦敦的时候，就听到了许多关于瓦特蒸汽机试验失败的负面新闻。

"尤其是那里有一个叫作斯密顿的，他是一名优秀的技师，但是他不相信我们的蒸汽机。他专门从事装配纽科门机，并对纽科门机加以改良。

"而对于我们这个更为优秀的蒸汽机，他总是持怀疑态度。上次我去视察约克大厦的时候，看门的老人就把纽科门机吹嘘得像是神仙所做的东西那样宝贝！不管我怎样解说，他们也绝不相信还有比它更优秀的机械。"

"好的，鲍尔顿。我想我明白了，这一次我一定会叫他们大开眼界的。"

为了宣传和维护瓦特蒸汽机的名誉，瓦特亲自动手设计了五台蒸汽机。好不容易，经过一番苦心制造的蒸汽机终于完成了，于是马上送到库克公司那里去。

11月，瓦特亲自送蒸汽机到达伦敦，但是他没有想到，到了伦敦，竟然发生了一件怪事。

那一天，斯密顿来参观机械，在详细地看了一下机械的转动情形之后，他不以为然地摇摇头。

"这个蒸汽机倒是不错，可惜太过于复杂，有点不切实用！"

斯密顿说了这么一句话就回去了，而当时的蒸汽机运转都很正常。可是到了第二天，蒸汽机却在启动时发生了故障。

"查！给我马上查清楚！这到底是谁干的？"

经理维尔比怒火冲天，才刚刚购买的蒸汽机就发生这样大的问题，任谁都会发火。他立刻召集了一些负责的工人实行检查，终于查明是那天晚上技工都喝得醉醺醺，把蒸汽机乱七八糟地胡搞所致。

"好端端的这些技工怎么会喝得酩酊大醉，又怎么会想到去乱搞蒸汽机呢？又是什么人使他们喝得那样醉呢？"

酒厂的经理觉得事情没有这么简单，于是他下令继续严查，一再追究之下，终于查明了事情的原委，原来一切都是斯密顿捣鼓出来的。

怒火中烧的维尔比经理，当即就把斯密顿和一些惹事的技工给辞退了，并且诚挚地邀请瓦特把损坏的地方一一加以修复。

这样一来，蒸汽机又正常地转动起来了。而这件事情传出去以后，瓦特的蒸汽机名声也更加大了，伦敦的矿山业者们都纷纷前来参观这个新的蒸汽机。

随着新蒸汽机的渐为人赏识，也发生了一些令人困扰的事情，但其中最令瓦特头痛的，就是工人的技术问题。

原先塞荷制造厂本来有许多能干的工人，但是随着蒸汽机事业的迅速发展，新雇了许多工人，这些人里面大部分是外行人。

"要把这些人训练成一批熟练的工人，实在不是一件容易的事，我们需要想出一个办法来解决这个问题才行。"有一天，瓦特对鲍尔顿说。

"对于技术，我不是很懂，你有什么好办法？"

"也说不上是怎样的好办法，我的想法是，这些工人不可能一下子把全部的技术都掌握，但是如果只是让他们去做其中的某一个环节的话，我想还是相对容易的。

"所以尽量把工作分为几个部门，使每一个工人分别去担任一部分的工作。这样一来，虽然他们不能在短时间内掌握全部的技术，但是在某个方面却能够熟练操作，成为优秀的熟练技工。"

"这倒不失为一个好办法，那就马上实行吧！"

于是工厂上下马上实行分工制，新的办法很成功。由于彻底实行分工的关系，不但培养了大批精于各个部门的优秀工人，而且工作的效率也提高了不少。

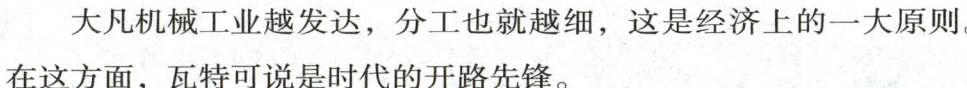

大凡机械工业越发达，分工也就越细，这是经济上的一大原则。在这方面，瓦特可说是时代的开路先锋。

分工明确的好处是很明显的，但是问题同样存在。一旦这些工人们熟练之后，马上就被别的工厂给罗致了，通常是用高薪为饵来引诱他们，甚至于连法国、德国、俄国也都纷纷在动塞荷技工的脑筋。

面对着市场的恶性竞争，想要留住这些工人，就变得有些困难。

除此之外，还有一个更伤脑筋的事，那就是蒸汽机一旦完成，即使装配好了，也缺乏具备操作技术的熟练工人。

在这种情形之下，瓦特只得尽量使机械简单化，制造一种连普通技工也能加以修理和操纵的蒸汽机。

瓦特把他的蒸汽机予以重大的改良，那就是把它改为利用蒸汽的膨胀力。其实，在基纳依尔的时候他就已开始了这个实验，当初因鉴于这种在活塞尚未完全移动时就停下蒸汽，而使其在汽筒内膨胀的操作方法，普通技工都感觉有点棘手，就暂时给搁了下来，但并没有把原理放弃。

这种蒸汽机在经济上来说，非常具备价值，因为可以节省大量的蒸汽和热，所以，瓦特一转到塞荷，又再度拿来仔细研究，终于做成了一件完整的机械。

瓦特经过十多年的研究，将它改为一半用蒸汽的力、一半用空气的压力而推动的机械。

正是有了这个发明，蒸汽机才能够完全由蒸汽的力量推动，成为名副其实的蒸汽机了。

而且，伴随着蒸汽机的不断改进，这种利用蒸汽膨胀力的转动方法，在以后的日子里有了非常广阔的发展前景，更是与人们的生活息息相关，尤其是对矿山业更是无异于一颗救星。

广泛应用于矿山业

英国的工商业经济发展得很快，而在当时，最大的产业就是矿业，从英国议会的势力中也能看得出来当时矿业者是如何富有。

如果想要将瓦特的蒸汽机成功地推向市场，那么最大的市场也肯定在这些矿业者身上，所以如何打开矿业者们的市场就成为缠绕在鲍尔顿心头的一道沉重枷锁。

在当时，矿坑越挖越深，渗出的水也随着增多，如果说纽科门式的蒸汽机能够解决这些问题，那么那些英格兰的矿业者们早就蜂拥而起都去使用纽科门蒸汽机了。

老天就像是在眷顾着瓦特和鲍尔顿一般，正在他们思考着如何打开市场的时候，矿业者们自己找上门来了。原来用马力小的纽科门机，已经不能再解决抽水问题，因之视同废坑的矿坑比比皆是。

尤其是作为英国矿业中心的康沃尔地区，由于作为燃料用的煤费上涨，矿业者们无不叫苦连天。

在煤矿方面，煤是他们所生产的东西，生产和销售自然是不成问题。但是其他的矿产，却需他们花费大量的运费从英格兰其他矿区运来煤。

但是现在却因为纽科门机不能发挥功效，而使得其他矿产白白地浪费掉，即便是这些富有的矿业者们，也都感到吃不消。

"瓦特先生，又要劳您的驾了，请您替我到斯华达去一趟。我刚刚和那边的矿业主们达成了协议，我们在那里做一次实验，如果实验成功了，他们就会大批订购我们的机器了。

"瓦特先生，这是第一次的实验，办得好与坏，关系着今后这种

蒸汽机在康沃尔地区的命运。一切就看你的了。"

鲍尔顿和康沃尔地区的矿业者们在经过了多次沟通之后，对瓦特这样说道。

"好的，我知道了。这次的实验，一定会成功的。鲍尔顿先生，你就等我的好消息吧！"

这是瓦特有生以来第一次来到矿山地区。瓦特骑着马，登上满是石头的山坡路。附近的一带，为了勘探矿石，地面上挖了许多像蜂巢似的洞口，周围堆满了无数挖出来的废石子。

放眼所见的仅是机械和烟囱而已，景象极为荒凉。

"原来这就是所谓的矿山地带，不是说矿山都是宝藏吗？可是，怎么会这样荒凉呢？"瓦特不禁自语着。

康沃尔矿山地区差不多全为积水所困，已到了无可奈何的地步。虽然如此，但是很明显，矿区里的人对于这个新机械怀着敌意。尤其是纽科门机的技师们，看过这个新蒸汽机之后，不屑地说："什么话？！这简直是玩具，还不值一便士呢！"

装配好了的蒸汽机，样子好像有点不对劲儿。锅炉里的火不能旺盛地燃烧下去，经过一番检查，原来是弃置在烟道内的砖头没有拿出来。

还有，说是压力表不灵活，瓦特跑去一看，原来是不需要的地方全给焊接在一起了，机械也就因此完全不能动了。

由于漏气的关系，瓦特还详细地把各地方都检查了一下，甚至还用麻布来包扎活塞杆的头部周围。

"像这个样子，到底能不能正常转动呢？如果失败了，那些暴性子的矿业者们，不知道还要怎样说呢？"瓦特这样想着，心里不免有点担心。

实验的日子终于到来了，再多的担心这个时候也无济于事，瓦特只能尽心地做好实验的每一个细节。

那一天，为了想看一看这个庞大的怪物，从西部的矿山地区涌来了一群矿山业者和技师们。

"啊！不错！"

所幸实验进行得很成功，瓦特蒸汽机那庞大的机体和轰隆的声音，以及强大的马力把那些肤浅的矿山业者们给吓住了。

嘎哒嘎哒！嘎哒嘎哒！蒸汽机发出轰然的巨响，抽动着唧筒，一下子就把坑内的积水全给吸光了。

试验全部完成之后，瓦特说："好像蒸汽机的声音太过于吵闹了，我得想个办法把这种噪声减低一点。"

可是技工们却说："不必了，就让它这样吧！没有那种巨大的声音，我们还睡不着呢！"

成绩可以说是相当好。

瓦特这种新的蒸汽机与普通的机械比较，结果是只要耗费 1/3 的煤，就能抽取相同数量以上的水。起初对这个新蒸汽机抱着敌意的矿业者们，看到了瓦特这一次的实验以后，他们原来的态度也大大地改变了。

因为大家对新蒸汽机的反应异常良好，所以塞荷制造厂接到了许多订单。

"我实在忙不过来，请你马上回来吧！"鲍尔顿向瓦特求援。

不由分说，瓦特立刻赶了回来。

此后，差不多有四个月的时间，瓦特为了专心设计，整天伏在桌子上，无法离家一步。在这段期间，他们也陆续地接到了许多的订单。

从那时起，一直到1780年之间，商会一共订了40台蒸汽机安装在康沃尔地区；而纽科门机则彻底被淘汰，只剩下了有限的一两台。

瓦特蒸汽机有大批的订单自然是好事，它的发展前景让人开心，但是摆在瓦特面前最大的问题却是他的身体吃不消了。

　　大量的蒸汽机的设计全部都只靠瓦特一个人，而在制作的时候，瓦特还需要和工匠们具体交流，这样一来，瓦特本来就不算是强壮的身体立即就扛不住了。

　　1779年5月，鲍尔顿又接到两台蒸汽机订单，但是此时瓦特提出他的难处。

　　"鲍尔顿先生，圣诞节以前，请不要再接受订单了。我的身体近来不是很好，已经有些吃不消了。"

　　瓦特向鲍尔顿诉说了自己内心的苦衷，作为瓦特好朋友的鲍尔顿，对于老朋友的身体自然也是极度关心的，当即推掉了手中新的订单，而让瓦特专心休养一阵子。

　　康沃尔地区所安装的蒸汽机，起初的两台是无条件的，但是一旦这种新的蒸汽机发挥了威力，商会就对蒸汽机的装置附带了一个条件，那就是："新蒸汽机所节省下来的燃料费，其中的1/3，以25年为期，作为专利使用费，缴给商会。"

　　谁也没有想到，这个看上去十分合理的要求，在日后竟然会成为制约瓦特蒸汽机发展的一个大问题。

　　虽然推掉了新的订单，但是之前确定的订单足足有几十个，要想应付源源不绝而来的订单，制造一批批新的蒸汽机的话，首先必得将工厂扩大，此外也得增加设备、贮存材料，雇用大批技工，如此一来，势必非增加资本不可了。

　　可是投入那样大的资本，什么时候才可能回收呢？再说，把事业扩大到超出其资本以上的鲍尔顿，随着蒸汽机事业的发展，资金更是日益紧缺了。

　　更为关键的是，那个时候经济不景气，伯明翰的银行根本不肯通融一下他们所需要的贷款。

　　有一天，鲍尔顿和瓦特商量："瓦特先生，能不能将康沃尔矿山一些装置中的蒸汽机作为抵押，向康沃尔的银行家借点钱呢？"

瓦特摇摇头说道："没用的，要是让人家知道了我们在闹穷，那么康沃尔商会的信用不就化为乌有了吗？而这边的银行本身也感到力不从心。"

商会的保险箱终于变成一只空箱子了。

鲍尔顿的合伙人福萨基尔沮丧地说："像这样继续走上没落之途和死命竞争，不如马上停止投资，集合一些债权者来商讨解决的办法来得好。"

事情发展到了这个地步，瓦特实在是无能为力了。

只有鲍尔顿坚定着自己的信念，虽然眼前的局面困难重重，但是他始终神态自若，无论遇到怎样的困境，他都要把事业一步步推行下去，越是困难越增加了克服的勇气。

正在商会资金枯竭、日渐萎缩下去的时候，又发生了一件更为麻烦的事情。

有一天，鲍尔顿和瓦特正在工作的时候，忽然之间传来了一阵惊叫的声音："火灾！"

鲍尔顿打开窗户一看，工厂已为阵阵的黑烟所包围，红红的火焰也已升到屋顶上来了。工人们拼死相救，这场火灾总算是得以熄灭，可是屋顶也因此坍塌，工厂损失惨重，大家的工作不得不因此暂告停顿。

看了这个情形的鲍尔顿，不但没有心痛之色，反而神态自若地笑笑道："好啦！这回总算是可以把机械房弄得更为像样一点了。"

鲍尔顿以前曾一度想把机械房改建为更像样的厂房，但是因为种种原因一直没能够实现，现在正好借着这次火灾来加以重整。

康沃尔商会以鲍尔顿和瓦特两人共有的一切权利作为抵押，终于从伦敦的银行贷了一笔可观的巨款。鲍尔顿和瓦特总算是能够松一口气了。

新的旋转机械的发明

　　随着蒸汽机事业的不断发展，瓦特的生活也开始变得更加忙碌，有时候一连好几天都在工作岗位上不能休息。

　　1780 年的秋天，为了解决蒸汽机专利权使用费的问题，鲍尔顿亲自到了康沃尔，特地来和当地的矿山业主们签订协定。顺便，他也考察这个即将成为自己事业一部分的矿山地区。

　　蔓延在英国的经济危机，牵涉到了各个行业，矿山业作为英国最强大的一个行业也受到了牵连。当时的经济非常不景气，所以往往会出现许多购买了蒸汽机但是又付不出钱的情况。

　　商会迫不得已，只好将蒸汽机的价款作为投资，变相地成为矿山开发事业的股东。而且类似于这样的事情层出不穷。

　　"我本来对于矿山业就不感兴趣，但是这样下去总归不是办法。既然他们无力偿还，不如就让他们用矿山的股份做抵押，我们自己加入矿山业，好歹先办办看再说了。"

　　对于总是发生这种事情，鲍尔顿感到十分无奈，当他来到康沃尔矿区之后，就这样和瓦特商量。

　　"现在各行各业都不怎么景气，走一步看一步吧！我们自己加入矿山业也好，说不定能够有新的突破。"

　　瓦特同意了鲍尔顿的意见。这样一来，鲍尔顿和瓦特也就从塞荷一起搬到矿山去住了。

　　他们的新家是一所老式的房子，庭院里面种着许多果树。房子周边有十几架商会的蒸汽机在工作着。因为工作的需要，瓦特和鲍尔顿时常从家里骑马在矿山地区来回奔驰。

眼看着蒸汽机事业蒸蒸日上，成功指日可待，以前所有的努力和付出都将得到丰厚的回报，而蒸汽机也将造福于人类，为国家事业做出巨大贡献。谁也想不到，意外从天而降，英国竟然掀起了一场所谓取消专利权的运动。

"从矿山业来说，要是取消了这种专利权，矿山业者们也就可以把成本大大地减低了。从更广阔的方面来说，取消蒸汽机专利权也能给其他国家事业带来不少的利益。"

"这种蒸汽机专利权是一种不合理的权益，应该予以取消。某些人占有蒸汽机专利权，就是想独占这种事业，这是私利，应该予以杜绝。"

"只要取消了蒸汽机的专利权，采矿的成本就能够大大降低，而且煤矿和其他矿石的价格也都能降下来。"

议会上，以矿山业者为主体的议员们纷纷发表评论，要求取消蒸汽机专利权。

当瓦特听到这种言论的时候，不禁怒火中烧。一想到自己发明蒸汽机所碰到的种种困难，他就感到十分的愤慨。

"你们攻击我们，说我们的事业是一种独占事业，可是，你们的矿山能够大规模地继续经营下去，不也全靠了这个独占事业吗？再者说，我们的蒸汽机为你们节省了大量的燃料费用，你们获得了 2/3 的利益，我们这边也不过得 1/3 而已，而且就是这仅剩的 1/3 的利益还因不景气的关系一拖再拖。

"蒸汽机是我耗尽了心血才发明出来的，这个过程中间花费了大量的金钱用于实验。而你们呢，你们坐享其成，原本就只花费了那么一点儿钱，现在却还想取消专利权。你们自己说说，这样做，算是什么道理？"

一向略微有些怕羞的瓦特忍无可忍，能够让他发表这样激昂的言论，可见这次的风波对于瓦特的打击有多么大。

　　"附有凝结器的蒸汽机是我制造出来的，这个发明花费了我莫大的心血，可是他们却想来抢夺。"

　　瓦特的控诉终于起了作用，矿山业者向议会的请愿，最终只是引起一场争论而已，并没有付诸实际的行动，最终不了了之。

　　可是，这却促使瓦特有了一个新的发明设想。

　　"瓦特先生，今天想和你商量一件事。"有一天，鲍尔顿这样说。

　　"什么事？请尽管说好了。"

　　"是关于蒸汽机的事！现在所用的蒸汽机仅是作上下运动而已，有没有办法使它成为一种旋转运动呢？"

　　"关于这个问题，我以前已经考虑过了，我相信利用曲柄一定能办得到的。"

　　"是吗？就请瓦特先生开始着手这项发明吧！我想，要是能够成功的话，它的用途是非常广泛的。可以用之于纺织业，也可以用来推动车子，此外像金属工业、造纸厂、造酒厂等一般的制造工业方面都可利用，当真是一件利国利民的好事呀！"

　　作为一个成功的企业家，鲍尔顿目光长远，对于蒸汽机的前途具有一种先见之明。

　　瓦特一听，振奋地一拍大腿，激动地说道："好的！我马上就进行研究。蒸汽机的用途一定要多元化，如果仅仅只是像现在这样，以矿山的排水用唧筒为主要对象，那就又得受康沃尔那些家伙的气了。

　　"我应该赶快把蒸汽机的上下运动改为旋转运动，加快完成蒸汽机的改良。这个发明越早完成越好，到时候也让那群目光短浅的家伙们好好地开开眼界！"

　　瓦特想到了这点，就马上着手设计了。

得力助手的帮忙

新的旋转机械的发明，如瓦特所说的那样，真的很快就完成了。这也许是瓦特很早以前就有想法孕育在脑海中的缘故吧！

"鲍尔顿先生，旋转机械完成了！"

"这么快？你可真是天才。不过你可要小心点，不要给人家偷走了这么重要的发明。我听说咱们工厂混进来了好多的奸细，准备打我们蒸汽机的主意呢！"

事实上，在专利权取消风波过去以后，已经有很多人盯上了瓦特的发明，在塞荷制造厂的附近混进了许多想偷取瓦特发明资料的人。

无论瓦特怎样保密，但是对于自己的技工，想要完全不予一点指示，那是不可能的。也许可以在某些方面加以保密，但是图纸设计完了之后，对于模型的制造，总需要那些技工们动手制造。

有一天，一个土头土脑的乡下青年到塞荷来找瓦特。他刚刚走进厂房，就被门房拦住了。

"喂！小伙子，你是来找人的吗？"

"是的，大叔。"小伙子用苏格兰乡下的口音很拘谨地说道："我是特地从苏格兰赶过来的，请问瓦特先生在吗？"

"不巧得很，瓦特先生不在。你是特地从苏格兰来的？有什么事吗？"

门房不停地打量着这位有些特殊的青年，他总觉得这个青年有着不同寻常的地方。

"啊！瓦特先生不在？那就糟糕了！"听说瓦特不在，青年有些失望地说道。

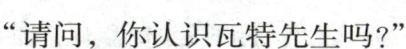

"请问，你认识瓦特先生吗？"

"认识到不认识，只不过是同乡罢了。"

"那么，既然你不认识他，找他又有什么事呢？"

"是这样的，我想在这个厂里找个工作，所以，才大老远地跑来呢！"

"哦！原来是这样呀！"门房又把这位青年从头到脚打量了一遍。

"那么，就请你等一下吧！我去和鲍尔顿先生说说，看他是什么意见吧！"门房一边说着，一边往里面走去。

一向正直且人缘又好的鲍尔顿听说了以后，很爽快地答应见见这个青年。

年轻人很快进了鲍尔顿的办公室。鲍尔顿对于青年的第一感觉极好，一看之下，觉得他是个身材结实且颇为诚恳的年轻人。

"听说，你想到我这个厂里来工作？"

"是的，先生。"年轻人的脸因为紧张而涨得通红。

"那么，你有没有机械方面的经验呢？"

"家父是个水车匠，我一直在帮他工作。"

"可是你要知道，水车匠和机械方面的技工完全就是两码事，水车匠在机械方面是不行的。"

"是的，但是我老是做水车匠的工作，也没有出息呀！而且我听说瓦特先生在蒸汽机方面有伟大的成就，因为我跟他恰好是同乡，所以才……"

鲍尔顿觉得眼前的这个年轻人倒是不错，性格直率、坦诚，毫无半点掩饰。但是除此之外，还看不出他有任何专长。

鲍尔顿并不想因此而录用这个年轻人，毕竟水车匠和机械方面的技工相差十万八千里。工厂只需要技术娴熟的工人，而眼前的这个年轻人显然是个外行。

"是这样的，年轻人，你的态度很诚恳，我也很喜欢你这样直率的青年，但是我们工厂现在工作并不怎么忙；而且，也没有空缺可以安插新人。对此，我非常抱歉。"

"是吗？"

"当然，假如你有什么特别的本领，那就又另当别论了。"

鲍尔顿这么一说，这个乡下的年轻人紧张得不知所措，看来这份工作对他来说真的非常重要。他两只手机械地玩弄着手中的帽子，失望地打算离开。

"嗨！你的帽子有点特别！"

鲍尔顿不由得被年轻人手中的帽子给吸引住了，这是一顶很特别的帽子，不是毛毡，也不是布类，而是用一种特别的材料做成的，上面还涂上一层漆。

"那是用木料做的。"看见鲍尔顿很感兴趣的样子，青年有些不好意思地说。

"什么？木料做的？我还是生平第一次看到这样的帽子，它是怎么做的呢？"

"这是我用自己的旋盘机做成的。"

自己使用旋盘机来制造？鲍尔顿再度注意看了一下年轻人的脸，顿时觉得这位年轻人确有了不起的地方。

没有相当的机械知识和技术是不可能造一顶木制的帽子的！

鲍尔顿马上改变了自己的主意，他决定留用这位名叫默多克的青年，把他安排在了工厂里。

鲍尔顿应该为自己的这个决定感到庆幸，因为默多克确实是一位非常优秀的年轻人。他到底没有辜负鲍尔顿的期望，无论什么事情，都能尽最大的努力来完成，很快地就超过了其他技术平庸的技工，大显身手。

瓦特对他也是赞不绝口，而其他的工人则有点嫉妒这个默多克。

由于默多克的勤勉和很好的技术，渐渐地为人所信任，他在工厂里面的地位也渐渐地高了起来。没多久，一些责任重大的工作，也开始全都委任默多克负责了。

默多克的出现非常及时，他帮助瓦特解决了很多难题，可以说受益最大的是瓦特。

一直以来，瓦特感到最伤脑筋的就是新蒸汽机的装置，因为在这方面没有一个技师能够胜任。

一台蒸汽机的出炉，瓦特不仅要亲自设计好图纸，口头指示，还要指导工人拿着每个部分的详细图案或文件照他的方法去做。

由于一般的技工都怀着苟且、偷懒的心理，所以制造出来的蒸汽机，总是会发生故障。这样一来，瓦特对于每一个细节就等于是要亲力亲为，忙得不可开交。

自从派默多克到康沃尔来担任蒸汽机的监督工作之后，就不再有这种令人操心的事了。默多克对于职务的那份热心程度，就连瓦特也为之钦佩不已。

默多克对于工作的热心程度让人吃惊，不久之后发生的一件事情，更让人们觉得又好气又好笑。

事情是这样的，有一次，默多克把一架新蒸汽机的准备工作弄好了之后，当天晚上，他所住公寓里的邻居，在半夜时突然听到一阵不知从哪里发出的怪声，吓得爬起来跑去看个究竟。

只见默多克只穿着一件衬衫，一手握着床栏杆，一边高喊起来："蒸汽机动起来了！动起来了。"

原来，他是做梦时梦见自己正在安装机器。

默多克不单工作热情，而且身体壮实，很是勇敢，而这正是瓦特所欠缺的。瓦特虽然征服了科学，但却无法很好地处理好人际关系，尤其是对于和矿山的人接洽事情感到非常的痛苦。生性胆小而多愁善感的瓦特，一遇到粗暴的矿山人，简直就不知所措了。

在塞荷工作了一段时间之后，在默多克的努力下，他很快就和矿山的工人们熟稔了。

有一天，康沃尔矿山监督们来找默多克的麻烦。

"喂！到底在搞什么？"

他们带来了好多人，吵吵嚷嚷地跑到机械室来。默多克一言不发地张大眼睛瞪着他们，"砰"的一声，默多克冷不防地就把门给锁上了。

"今天，非得在这里一个个地好好修理修理你们不可，不然的话，你们谁也别想离开这里。"默多克说完，就脱掉了上衣，露出了他那结实的肌肉。

"你！就是你！你像是最强的人，好吧，上来吧！"

默多克把他们中间样子较为粗壮的一个家伙给拉了出来，那人虽然表面上看起来很壮实，但其实外强中干，被默多克这么一拉，立即吓得不敢动弹。

默多克迅速地摆了个拳击的架势，其他的一些人都看得目瞪口呆。

不到一分钟的时间，便分出了胜负。默多克强而有力的拳击，只这么挥了一拳，对方就已倒地了。

其他的监督们看到这种情况，纷纷与默多克和解，从此以后，他们成为好朋友。

就这样，默多克无论在工作上或是对付那些粗暴的人方面，他都成为瓦特最得力的助手。有了他以后，瓦特终于可以放下心，好好地松了一口气，腾出精力去研究其他的发明了。

发明速印版印刷

1778 年的夏天，由于自身的需要，瓦特发明了速印版的印刷。那个时候，瓦特有许多必须要写的信件，所以常常为了抄写许多秘密的信件或文件而伤透脑筋。

于是，瓦特发明了一个经由透印版来复印信件的好方法，就是把用液质墨水所写的东西放在潮湿的纸上，而用滚筒使力压挤的方法。

最初的时候，瓦特这个发明只是用来给自己制造便利用的，但是后来不知道怎么回事就给流传出去，甚至有人仿制了那台机器，而想借此发财。瓦特没有办法，这才在 1780 年的 5 月申请专利权。

瓦特没有想到，原来只是简单的一纸申请，竟然会惹来诸多的非议。很多人都认为这种复印机会助长伪造文书的盛行，所以大加反对。银行家们也赞同此说，并且对于此种机械的制造和出售，提出了强烈的抗议。

但是最后复印机还是慢慢地发展起来了。能给人们提供便利的东西，最终还是受到欢迎的。

1780 年年底的时候，瓦特的复印机一路畅销，最初的 150 台已经统统卖完了，可是，订单还是像雪片似的飞来，甚至国外也来定制了 30 台。到了后来，复印机甚至成了一种新型的行业而遍布世界。

在这期间，蒸汽机事业也在同步高速地发展。在鲍尔顿的继续努力下，订单数量屡创新高，旺盛的需求使得他们需要将工厂的规模再度扩大，而这样一来，就需要一笔更加庞大的资金的支持。

为了筹集足够的资金，鲍尔顿想方设法，可以说能用上的手段他全部都用上了。他先是卖掉了妻子所有的土地，接着又把父亲所有的土地也差不多全卖光了。

剩下来的一些财产，他也无所顾忌地全部拿去抵押，对于筹集资金可说不遗余力。

此外还向朋友们借了许多钱，银行方面的透支也达到一个极度危险的限度了。

"到了这个地步，只剩下最后一个办法了，那就是把矿山在蒸汽机方面所缴纳的专利使用费，作为抵押来借钱。"

鲍尔顿为了事业的发展，可以说是竭尽全力，付出了他所有的努力，甚至连老本也都赔上了。

而不善经营的瓦特在看到事业逐渐扩充下去的时候，却益发觉得无能为力了。他只能默默地支持鲍尔顿，祝福他好运，而做好自己的本职工作，尽自己最大的努力去帮助他。

"不知道怎么回事，伴随着事业越来越快速的发展，我反倒是隐隐有些害怕了。当别人看到新的订单的时候会感到开心，而我却是感到莫名的惶恐。"瓦特的日记中，这样记载着他当时诚惶诚恐的心情。

鲍尔顿为了这个事业，已经投下了他全部的财产，而且除了建筑物、设备、工资、材料等资金的调度以外，还要负担瓦特的生活费。那时，鲍尔顿每年支付给瓦特300英镑，而这笔钱是从铁器类的制造部门拨出来的。

瓦特是个钻研学问的发明家，鲍尔顿则是个活跃的商人；瓦特能使机械转动，鲍尔顿则能处理各种人际关系，使人心悦诚服。

两个人各有所长，也正是两个人的精诚合作，才能在蒸汽机事业的道路上越走越远。

鲍尔顿的事业现在看起来是发展得越来越好，但是隐患也越来越多，而那些意图窃走瓦特专利权的人也加紧了他们阴谋的布局。

瓦特和鲍尔顿虽然做了多重的防范，但是最终还是没能防住那些阴险的剽窃者，而最终使得瓦特痛失曲柄的专利权。

1780 年夏天，一个星期六的下午，塞荷工厂的技工们下班以后照例都涌到街上的酒店里喝酒。大家三五成群地围在桌子边一面喝着啤酒，一面夸说自己经手所做的一些优异的机械。

其中有一个模型制造工，叫作迪克·卡特莱特。当时他被朋友们灌了几杯酒，喝得酩酊大醉，他向周围的人大声地炫耀着："哼！你们那些东西算什么！我告诉你们，我制作的模型才是最优秀的，没有人能够比得上我。这也是瓦特所发明的东西当中最为优秀的了。"

"哈哈！迪克，你喝醉了，在说梦话吧！"

"就是，就是，你倒是说说看，你制作了什么了不起的模型了。"周围的人有意无意地起哄道。

"那便是旋转机械！"迪克想都不想地脱口而出。

"旋转机械？那是什么东西？"人群中，不知道是谁问了这么一句。

"嘿嘿！不懂了吧！以往的蒸汽机不是只能把东西提上或放下吗？现在的发明是把上下运动转变为来回旋转的一种设计呢！"迪克酒意上涌，高声炫耀道。

"原来是这样，这可真是个了不起的发明呀！那么，这个机械一定是相当的复杂了吧？"有人穷追不舍。

"听起来是很复杂，但是真的做起来，却还是很简单的。它是利用曲柄，这样……"

说到精彩处，迪克忍不住拿起粉笔，一边解说，一边在桌子上画了个草图。

"原来是这样！瓦特真不愧是伟大的发明家呀！"

技工们都大为叹服，他们凑在一起非常热闹，根本就没有注意到周边都是一些什么人。

就在这个时候，有一个技工打扮的男人，坐在屋角的一张椅子上，一面偷听他们的谈话，一面不停地在写着。技工们却一点也没有注意到。

瓦特实在梦想不到，像曲柄这样的东西，竟有申请专利权的价值。

曲柄这个东西是一种极平常的机械设备，在那个时候，已被广泛地用于各种纺织机，以及各种手摇磨刀石上，已经是一种相当平常的东西了。

所以，瓦特认为，利用曲柄将蒸汽机的上下运动改为旋转运动的设计，根本就没有另外再申请专利的必要。

而那个躲在暗中偷听到这个发明的男子，却不这么认为，他觉得这个发明大有可为。于是他马上跑到伦敦，比瓦特抢先一步取得了这项发明的专利权。

1780 年 8 月 23 日，瓦特辛苦研究出来的曲柄旋转活动的专利权落入伯明翰一个名叫斯蒂德的纽扣制造业者的手中，而发明者却是普利斯多的一个名叫俄许巴拉的机械师。这名男子大规模地经营钟表制造业，瓦特以前为了制造管嘴形的东西，曾经请过这个人。

瓦特听说这个消息之后暴跳如雷，但是这个时候他也没有任何的办法，专利权都已经被人家申请了，要怪就只能责怪自己没有专利权意识，早在当初发明这种产品的时候没有去很好地维护。

瓦特静下心来，他决定要好好地设计一种新的发明，借以替换掉以前的曲柄装置。

维护专利使用权

蒸汽机的事业在鲍尔顿的努力下高速地发展着，但是每个月到了15 号，鲍尔顿就开始愁眉不展。

鲍尔顿的工厂每个月的 15 号发放工资是历来的规矩，而每到 14 号的晚上，鲍尔顿就不得不为筹措工人们的工资而四处奔波。

从那时的财务档案来看，已装好的蒸汽机所能收到的使用费每年大概是 4330 镑，再加上一些还没有完工的半成品，这样一年大约是9000 英镑。

这笔利润看起来很庞大，但是实际上由于经济不景气的关系，矿主所应缴纳的使用费，到最后能收回来的寥寥无几。所以，尽管鲍尔顿的工厂规模越来越大，但是实际上资本问题始终都是个大问题。

"没有关系，大家不要担心。只要这次危机过去，一切都能迎刃而解，大家再耐心忍受一阵子就好了。"

乐天又热心的鲍尔顿总是这样勉励大家，可是矿山业的发展非但没有像他所说的那样好转，相反更加不景气了。

而更让鲍尔顿感到忧心的，就是他和瓦特都有股份的一个大矿山，由于产量的锐减，加上矿石价格的暴跌而亏本。其他的矿山也有同样的情形。对此，他们大感头疼。

"瓦特先生，请把蒸汽机的使用费再降低一些吧！再这样下去，矿山迟早会倒闭的。"

一些别有用心的人打起了专利权使用费的问题。为此，瓦特和鲍尔顿又不得不想方设法予以还击。专利权是他们的根本，绝对不可能作出任何让步。

身为企业的主心骨，面对着困难重重的局面，鲍尔顿的经营辛苦程度，实在不是我们今天所能想象得到的。幸好，一向精神饱满、健康而活跃的默多克，一如既往地支持他和瓦特。

有一天，默多克所监督的蒸汽机不知道什么原因突然停了下来，坑内马上浸满了水，矿工们迫于水势无法再工作下去。

粗暴的矿工们气势汹汹地冲了上去，默多克的神色并没有改变，他不慌不忙地推开这些暴躁的矿工，走到机械室里去，不到一刻工夫就把损坏的蒸汽机给修好了。

默多克的帮忙多少解决了一些麻烦的事情，但是这个时候又发生了一件让瓦特十分烦恼的事情。

虽然议会所进行的专利权废止运动已告瓦解，可是取而代之的却是大家无视专利权的存在，一窝蜂地进行伪造瓦特蒸汽机的计划。

最使瓦特难过的，是带头伪造瓦特蒸汽机的人，竟然就出现在自己身边，还是他曾经着重培养的人！

这个名叫洛亚的男子本来是一名普通的技工，但是因为他心灵手巧，后来曾经被瓦特调到身边做助理，而他的全家也都曾经蒙受过瓦特的照顾。

"我已经发明出比瓦特蒸汽机更为优秀和实用的蒸汽机了。"洛亚开始恬不知耻地这样宣传。

"既然洛亚的蒸汽机更好，我们以后就不要再用瓦特的蒸汽机了。用他的还要给他蒸汽机专利费呢！"

甚至有人开始这样提议。当这话传到瓦特耳边的时候，这位一直为了发明默默贡献的人伤透了心。

"身处在这样一个变革的时代，真的好累，道德在逐渐沦丧，人们为了追求更多的利润可以不择手段，一些有价值的理念往往还在思考阶段就已经被人夺去了，这实在令我难过。"瓦特不禁悲叹起来。

发明平行运动装置

　　1782 年，瓦特终于取得了旋转机械的专利权，好事接踵而来。就在这时候，瓦特最重要的助手默多克成功设计出一种日月齿轮的东西，而且这个日月齿轮的设计可以完全代替曲柄。

　　喜事一件接着一件，伴随着瓦特取得旋转机械的专利权，他同时也取得了复动机械的专利权。

　　过去的蒸汽机是一种所谓的单动机械，蒸汽只能由活塞的一边导入，但是这次发明的复动机械，则是由活塞的两头轮流导入蒸汽的形式，同样大小的汽筒却能比单动机械增加两倍的动力。

　　随着复动机械而发生的问题，就是活塞和横梁的连接问题。在复动蒸汽机方面，活塞具有一拉一推的作用，所以需要特别设计一种使之连接于横梁上的活塞杆，才能够使它不弯曲地作垂直的上下运动。

　　1784 年，经过长达三个月的辛苦研究，瓦特终于解决了这个问题，并且获得了平行运动装置的专利权。平行运动也可以说是三杆运动，利用三根杆子的运动转为一种直线运动，而由这种直线运动来使活塞杆运动。

　　瓦特一生作出了无数重大的发明，但是只有这个平行运动装置，才是他最得意的发明。他曾经这样对他的儿子说："在我所发明的东西

里面，只有平行运动装置这一项最令我感到骄傲。"

之后，瓦特又发明了一种重大的东西，那就是调速器。

在以前，单动的蒸汽机的活塞运动速度是不能够调节的，并没有用手来调整快慢的活门，为了使速度平均起见，复动的旋转机械就必须装上一种自动的调整器。

瓦特在这个问题上和助手默多克多次探讨，在这种情况下终于发明出了调速器。

1782 年，最早的旋转机械完成了。没有想到这个新的机械竟然受到大家普遍的欢迎，各方面的订单如雪片般飞来，其中甚至有玻璃业、生铁业等，蒸汽机的应用范围大大扩大了，再也不是从前那种只能用来给矿山抽水的小机械了。

在蒸汽机没有发明以前，社会生产力不高，人们普遍用来作为动力的除了水车之外，就是利用马的力量。那个时候，以马作为动力而加以使用的技工们，对于马的能力知道得很清楚。

瓦特决定把马的力量作为衡量发动机效率的标准。

1783 年，瓦特根据手头的资料开始推算马的力量，最终得出了一个科学合理的数值，那就是一匹马在一秒钟内将 75 公斤的重量可以举高到 1 米。

根据计算出来的结果，瓦特给马的力量下了个定义，此后商会所制的蒸汽机也都分别标明是几马力了。直到现在，所有的蒸汽机还都是使用"马力"作为衡量发动机效率的单位呢！

在首都伦敦，第一个安装瓦特这种旋转蒸汽机的是固特威因公司的酿造厂。使用它之后，酿造厂不但减少了成本，而且效率大为提高，固特威因公司也凭借这个大赚了一笔。

伦敦其他的酿造厂眼红了，眼睁睁看着固特威因一家大赚特赚，他们当然不甘心，一打听之下知道是用了瓦特的旋转式蒸汽机，于是纷纷向鲍尔顿工厂下订单。

不出几年，全伦敦的酿造厂几乎全部都使用了瓦特的这种新式蒸汽机。

"依赖水车或马匹的时代已过去了，蒸汽机的时代到来了，一切都得靠蒸汽的力量来转动。"

旋转式蒸汽机的大卖，更是增加了鲍尔顿对于蒸汽机事业的信心，他乐观地认为蒸汽机的时代到来了。

"我打算在世界的工业中心伦敦，创设一个以蒸汽机为动力的模范工厂，借以显示蒸汽机的威力。"

鲍尔顿决定在伦敦开设一家面粉厂，1784 年鲍尔顿召开了公司股东大会，会议一致通过了他的这个决定。于是鲍尔顿马上向当局政府申请设立工厂。

但是鲍尔顿怎么也想不到，原本计划周详的事情竟然遇到了天大的阻力，新工厂还没有开业就受到了全部面粉商的强烈反对和阻挠。

"要是开设了那样大的面粉厂，不是把那些用水车或风车的面粉商的生意全给抢走了，他们没有了生意，工人不也跟着失业了吗？这么多失业人口，政府要怎么解决？"

"一旦这样的面粉厂成立，肯定会造成价格上的不稳定，到时候一场价格战在所难免，如果造成面包市价的暴跌，市场一定会发生大混乱的。"

对于面粉商们的无理取闹，鲍尔顿真的是又气又恨，他使尽了浑身解数，想尽了各种办法，采取分化孤立的政策，收买了面粉商中间一些实力稍小的，软硬兼施，终于把建立面粉厂的许可证弄到手了。

但是这样一来，鲍尔顿和伦敦的面粉商们结下了仇恨，在以后的竞争中，双方阵营势同水火，始终相持不下。

1784 年年底，瓦特所设计的大型蒸汽机已开始在塞荷制造厂里制造了，工厂的建筑工程也在进行中。在另一方面，来自苏格兰的年轻机械师约翰·莱尼则负责装置制粉机及精制机。

两年以后，工厂的准备总算大功告成了。

发明与事业双重成功

他们所使用的蒸汽机有 50 马力，两架蒸汽机同时发动，能使直径 137 英寸的两座石臼同时转动 12 次。

当时，面粉厂的制粉量一小时可达五吨，可以说是当时最大的机械化工厂，因此也就成为伦敦的名胜之一。

每天到亚尔比恩面粉厂来参观的人川流不息，甚至还举行了化装舞会，那里已经成为一个社交场所了！

对于鲍尔顿来说，这是一件非常好的事情，这个优秀的企业家很喜欢这种喧闹的环境。但是他的好朋友瓦特却刚好相反，瓦特很讨厌这类社交。

面粉厂的生意蒸蒸日上，伦敦的面粉商们却是损失惨重，他们的生意遭到了最严重的打击。鲍尔顿生产的面粉因为成本低，所以市价很低。

但是其他的面粉商们却都是使用原始的水车或者风车生产，如果要他们也像鲍尔顿这样降低面粉的价格，那他们连成本都收不回来。

所以相继有面粉商破产，面粉商们恨透了鲍尔顿。

1791 年 3 月，鲍尔顿的面粉厂在伦敦盈利三年之后，有一天晚上工厂好几个地方突然莫名其妙地着火了。霎时间，火势冲天，就算是想要扑救也来不及了。

工厂一下子就变成了火海，火势凶猛，不出几个小时，整个工厂就化为一片灰烬。

瓦特事后分析，着火的时间刚好是在退潮的时候，一方面增加了火势；一方面又给救火造成困扰。而且水槽中的活塞也被人给拔掉了，这又给灭火工作带来极大的不便。

很明显，这就是一场预谋好的纵火。

"毫无疑问，这一定是那些面粉商们搞的鬼。我们马上报警，不管付出多大的代价，我都非要把这些罪犯找出来不可！"

鲍尔顿怒火冲天，号称世界上最大的机械化工厂竟然就这样被一群无耻的小人给毁掉了，他如何能够不心痛。

鲍尔顿马上报了案，并且公布赏金来缉捕犯人。可是前后费了好大的劲，却始终也找不到犯人。

这次的火灾给面粉厂带来了巨大的经济损失，事后鲍尔顿清理废墟的时候，初步估计直接经济损失达到了1000英镑！要知道瓦特一年的薪水也不过300英镑，损失金额相当于瓦特3年的年薪还要多！

面粉厂的失火受到打击最严重的自然就是鲍尔顿和瓦特，但是好在这样的打击并不致命。鲍尔顿的生意规模很大，虽然失去了伦敦的面粉厂，但是塞荷方面还陆续收到旋转机的订单，不仅是国内，法国、西班牙、意大利等地也纷纷来了订单，甚至连更遥远的美洲和西印度诸岛屿的糖厂也来订制旋转机。

为了弥补面粉厂的损失，瓦特决定要更加努力工作。虽然被头痛的老毛病所困扰，但是，他还是热心于蒸汽机的设计工作。

"你最好尽量少用手和脑，把自己的工作交给别人去做，否则，对你的身体健康很不好。"

虽然朋友们都这样劝说他，但是除了将一部分工作交给默多克负责之外，瓦特几乎都是事事亲为，不肯轻易委托他人。

当年瓦特制造的蒸汽机卖给了商会，虽然专利权使用费每年都在增加，但是由于商会的经营大都是入不敷出，所以很多债务都收不回来。

这种情况一直持续了很长一段时间，直到两年后，付出终于有了回报，他们的经济状况总算是大大改观了。

"瓦特先生，告诉你一个天大的好消息，那些拖欠了我们许久的专利费，终于收回来了。"

1793 年，瓦特从鲍尔顿那里接到了 4000 英镑属于他的红利，成功的日子终于来了。而这个时候他已经整整 57 岁了，从青年时期研究蒸汽机开始，大半个人生都已经过去了！

瓦特才算松了一口气，但是鲍尔顿却陷入了极其严重的困境。鲍尔顿天生就喜欢投资，他雄心勃勃地想要做一番大事业，又敢于冒险，所以资金运转一直都很紧张。

蒸汽机事业刚起步的那几年，鲍尔顿还能够凭借着自己良好的个人信誉和人缘借钱周转，但是伴随着事业规模的不断扩大，所需要投入的资本也越来越多，后来又非常不幸地遇上了金融风波，鲍尔顿陷入了困境，难以脱身。

他不得不反过来求救于瓦特，忙碌而又疲惫的生活也使得鲍尔顿的健康受到了严重的损害。尤其是上了年纪，又患了胆结石之后，那种难言的苦楚，让一向富有乐观主义精神的鲍尔顿，竟也有点儿招架不住了。

"想起来实在非常感慨，一些和蒸汽机事业有关的人，都日渐富有起来，只有我一个人，被压在债务和分期付款的重担下面呻吟着。我已经是 60 岁的人了，希望能够在不连累子女的原则下，尽我能力所及，继续努力工作下去！"

能够让鲍尔顿说出这样沉痛的话，是非常不容易的，可见一连串的打击对于他来说是多么的沉重。为了蒸汽机事业的发展，他已经付出了自己全部的心血和力量！

这段时间是鲍尔顿一生中最为黑暗的时刻，但是黎明的曙光已经来临，英国工业发展的黄金时刻来临了！

从 1760 年至 1840 年期间的 80 个年头，被称为英国工业革命时代，由于这种工业革命，英国才得以长久地成为世界的霸主。

促使英国发生工业革命的，就是阿克特莱发明的纺织机和瓦特发明的蒸汽机。瓦特的蒸汽机作为工业的"发动机"，历史作用不可估量。而阿克特莱的纺织机，更是一把推手，直接推动了工业革命的进程。

早在纽科门蒸汽机应用于矿山抽水的时候，瓦特的好友鲁滨孙就曾经大胆地提出设想，蒸汽机既然能够适用于矿山，那么肯定能够作为动力应用在其他行业。

瓦特一直没有忘记这种设想，大胆而富于战略眼光的鲍尔顿更是不会满足于蒸汽机局限于矿山事业，所以瓦特蒸汽机不断被改造，成功应用于各种领域。

鲍尔顿和瓦特直接投资应用的领域就有矿山业、面粉业、自来水工程和铁工业等，而伦敦酿造厂的大量订单也使得蒸汽机普及于酿造业。

"从现在起一直到 1810 年的 25 年间，在你们工厂所做的 325 台蒸汽机里，将有 114 台被装在纺造厂里，而 90 台会被装在棉布厂里。"

曾经有人作出这样的大胆预言，结果，这个预言成了现实。

1769 年，瓦特首次取得了蒸汽机的专利权；同年，阿克特莱发明了纺织机。以往英国的纺织业不过是一些农民的粗劣手工而已，数世纪来即使是缝制旗子、纺棉成纱，所有的工作都是依靠人力去完成，自阿克特莱发明了纺织机以后，才开始成为一种机械工业。

当时，带动阿克特莱纺织机转动的动力是水车，在英格兰中部地区，水资源十分丰富，大大小小的河流能够为纺织机提供廉价的动力，因而那个地方成了纺织业最发达的地方。

但是依靠水力转动的机械是有季节限制的，夏天的时候，雨量充沛，自然没有任何问题，但是到了冬天雨量少的季节，机械就得停下来，工厂老板自然在雨量多的季节开足马力了。

当时为了节省成本，资本家们雇用的在纺织厂工作的大都是些孩子。在夏天，资本家们要加倍生产，这些童工就被迫没日没夜地工作。在冬天的枯水季节，他们又无事可做，生活也因此陷入了困境。

英国的纺织业的发展遇到了一个瓶颈，纺织业生产基地局限在雨量充沛的中部地区，而且还只能够在雨量充沛的夏天进行大规模的生产，而这在需求量日益扩大的英国，显然是不够的。

"谁能发明一种比水车更好的动力？那样的话，我想英国的纺织业必定会焕然一新的，事业方面能更自由，生产量也能突飞猛进，劳工的生活也可得到改善了！"

这个巨大的空白，在第一时间被瓦特的旋转机械填补了。

1785年，瓦特的旋转机械首次装置在诺克的一家棉布工厂里。同年，阿克特莱纺织机的专利期限届满，于是谁都可以自由地制造纺织机了。

黑暗终于要过去了，这是英国工业发展的黎明时期。

瓦特和鲍尔顿的努力终于得到回报了，而这是他们多年努力奋斗的结果。早年间，他们为了扩充事业，常常是入不敷出，为了付工人们的工资也常常要拆东墙补西墙。

而现在，收入正在成倍增加，所有的财政困难已经过去了。

当初前来学习专门技术的工人，现在都已成为技术不错的技工了。有了这批技术熟练的工人，塞荷制造厂也已能够造出世界上最为优秀的机械了。即便是瓦特的专利权到期以后，塞荷制造厂生产的蒸汽机仍然是蒸汽机行业的龙头老大，占有着市面上超过3/4的销售份额。

幸福的晚年

　　如果人仅仅为自己劳动，也许他能够成为著名的学者、伟大的智者、卓越的诗人，但是他永远也不能成为真正完善和真正伟大的人。

—— 瓦　特

在 "圆月学社" 探讨科学

瓦特终于可以松一口气了。多年来长期超负荷的工作让他患上了头痛症，而现在，伴随着工厂的全面兴盛，他再也没有太多的担心，终于可以过上长久以来他一直向往的那种宁静、安详的日子了。

"多少年过去了，终于把那段艰辛的路程走完了。现在回想起来，真像是一场梦呀！"

幼年羸弱的体质，年轻时期在伦敦学习制造仪器的艰苦生活，在格拉斯哥大学期间开店的困苦，从事蒸汽机研究的种种艰辛，后来和鲍尔顿在一起创业一个又一个的困难……

回顾以往苦难的岁月，瓦特不禁这样感慨着。

空闲下来的瓦特喜欢出外旅行，欣赏大自然的旖旎风光，陶冶情操。1789 年夏天，他做了一次欢快的西部之旅，欣赏到西部完全不一样的自然风景和人文景观，使他身心舒适。

第二年的夏天，瓦特又一次出外旅游。这次游览了伦敦附近的名胜，归途顺便又转到温莎，被准许谒见了国王。

听说是发明蒸汽机的瓦特到访，国王很是热情地接待了他，在瓦特离开的时候，国王还叮嘱说道："下次如果再到温莎附近，请再顺道过来玩玩。"

瓦特的性格喜欢安静，并且有些怕羞，不喜欢人际交流，但是到了晚年，他一改从前的沉默害羞，开始变得喜欢社交了。有时候，他出席俱乐部的聚会时，还会用他那带着颇重的苏格兰乡下口音的声调讲上几个笑话，让会场的气氛变得更为轻松热闹。

在这些形形色色的社交场合中，最让瓦特感到愉快的就是参加

"圆月学社"。

18世纪末叶，在英国各地的都市，由科学家或者文学家们所设立的俱乐部非常多，其中最有名且最有实力的就是伯明翰的"圆月学社"。

所谓"圆月学社"，顾名思义，就是在每个月满月时集会一次。它成立的宗旨，乃是为了联络会员之间感情，共同研究学问，就文学、艺术、科学等问题互相交换意见。会员们也可以就这些题目进行专题演讲。

1780年，一个名不见经传的波利斯托利博士加入了这个"圆月学社"，后来，他成了享誉欧洲的化学家。

波利斯托利博士在"圆月学社"中算是最年轻的一个，但是他除了精通化学之外，对于哲学、宗教、历史、政治等各方面，也都有着丰富的学识。

在一次的聚会上，波利斯托利博士做了一个电气的实验。

"请你们看看，这就是氢，要是混以空气，在玻璃球内通以电流，会发出火花！"

他的话刚说完，"噼啪噼啪"地发出几声爆音，玻璃球内满是电火花。

瓦特聚精会神地观看着。对于这个实验，看得最专心的就是他了。实验一完毕，瓦特马上向波利斯托利博士询问："我之前看到玻璃球内有水珠，请问那个是露水吗？"

"是的。"看到有人关注，波利斯托利博士很开心地回答道。

"那么，这也应该是水吧？"

"是的，它就是水，和湖泊里的水一模一样。"

瓦特听了以后，思考了良久，然后恍然大悟一般说道："我以前曾经想到过，水这种东西是不是由空气或其他的气体化合而成的？由于你的实验，我好像懂了许多。"

这件事情过去不久，瓦特就给鲍尔顿写了一封信："氢和氧在密封的容器内，通以电流使其发生火花，等到容器一冷，就有和气体同重量的水附着于容器上。这件事是由波利斯托利发现的。可是，由这个结论，我想可以断定为水是由氢和氧化合而成的东西。"

1782 年，伦敦有一个名叫卡巴恩·狄许的人，比波利斯托利进行这种实验还早一年，他也得出了和瓦特同样的推测。只是他是一位严谨的化学家，在他看来，只做这么几次实验，就轻易地下结论，未免太早一点，所以，以后他又就这个问题不断地实验。结果，一直到了 1784 年，他才向皇家学院提出报告。

这样一来，问题就出现了，谁才是最初的发现者呢？

实验并不是瓦特亲自做的，而是由波利斯托利的实验得到的启示，可是，卡巴恩狄许却是亲自加以实验才得到那种推测的，看起来好像比瓦特还要早一点的样子。但是，最先发表结论的却是瓦特。

因此，水的成分的发现者到底是谁，这个问题也引起一场激烈的争论，最后瓦特轻描淡写地把这件事给解决了。

他认为是谁发现水的成分并不重要，重要的是这件事被发现了。而就在当时，瓦特又发现了用氯来漂白的方法，这就是日后"漂白粉"的前身。

虽然"圆月学社"的宗旨是科学性的而非是政治性的，但是不可避免地使其成员普遍认为应该解放思想，而这在当时是具有革命性的，他们心里充满着对未来的憧憬。

"圆月学社"虽然在后来解散了，但是曾经参加过的会员却仍津津乐道地谈论着往事。

法国大革命的冲击

1876 年，瓦特和鲍尔顿接受法国政府的邀请而访问法国，这还是瓦特第一次足踏欧洲大陆。

一直以来都醉心于发明的瓦特从来都是把自己关在房间中，就算是出行，那也只是在格拉斯哥、塞荷和伦敦等几个城市走动，这一次能够去法国旅游，瓦特是非常开心的。

瓦特的旅途非常愉快，一路上他领略了许多异国的风情，而这让瓦特振奋不已。

法国政府对他们的欢迎是空前的，凭借着蒸汽机的发明和专利权，瓦特在这个时候已经是"最有名望的外国人"了。

一到法国，各种各样的宴会就接踵而至，瓦特整天忙于应酬之中。而最让瓦特感到高兴的是法国的第一流的学者们，都把瓦特当成一名伟大的科学家来欢迎。

法国政府邀请瓦特访问的原因很简单，他们本国的蒸汽机性能不佳，因此想要更换一批，想请瓦特来做实际讲解。可惜的是因为法国大革命的爆发，这个计划未能实现。

不过，法国大革命却对瓦特有着重要影响。

瓦特的儿子詹姆斯从小就受到良好的教育，瓦特希望儿子将来能够继承父业。詹姆斯从伯明翰学校毕业之后，就以一年为期限，被送到有名的威尔金森铁工厂去，学习有关模型方面的技术。

18 岁的时候，詹姆斯到瑞士的日内瓦接受了三年教育，他尤其精于语言学，最擅长的就是法语和德语。

詹姆斯在 20 岁的时候回到了英国，在曼彻斯特的一家织造业公司担任会计。

虽然仅仅只是做了两年的会计，但是詹姆斯差不多把所有商业上的业务都学到了。和他的父亲个性截然不同，詹姆斯的性格偏向于鲍尔顿，具有社交家的个性。他生活过得比较奢侈，也因此欠下了许多债务。

在需要用钱的时候，他从来不向自己的父亲要，而是写信给慷慨的鲍尔顿。

有一次他在给鲍尔顿写信时，还顺便告了他父亲一状："我目前同我父亲的关系是最好的，但是如果我把我的各种需要都告诉他，那么我就不知道后果会怎么样了。也许他从来就不是年轻人，因此他不懂得伴随我这一时期而来的是一笔不可少的花费，并且做起事情来和同期的朋友格格不入……"

频繁出入于各种社交场合，使得年轻的詹姆斯快速地成熟了起来，这个时候他对政治革命运动发生了兴趣。

他怀有远大的理想，对社会的改革问题怀有热切的志向，受到革命思想的影响，具有随时参加革命的政治觉悟。

鲍尔顿的儿子则在巴黎学习法语和德语，对于前途怀有远大的抱负。

1788 年夏天，鲍尔顿的儿子回到了伯明翰，他向大家讲述有关巴黎的一些见闻，"圆月学社"的哲学家们听了之后非常激动。

1789 年，法国爆发了一场震撼全欧洲的资产阶级革命，"圆月学社"的会员早已隐隐地感觉到它的震撼力了。

法国终于发生大革命了。

18 世纪资本主义在法国部分地区已相当发达，出现许多资本主义性质的手工工厂，个别企业雇佣数千名工人并拥有先进设备，金融资本雄厚。

资产阶级已成为经济上最富有的阶级，但在政治上仍处于无权地

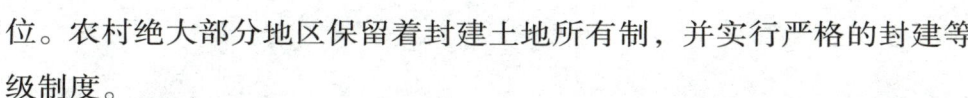

位。农村绝大部分地区保留着封建土地所有制，并实行严格的封建等级制度。

由天主教教士组成的第一等级和贵族组成的第二等级，是居于统治地位的特权阶级。资产阶级、农民和城市平民组成第三等级，处于被统治地位。特权阶级的最高代表是波旁王朝国王路易十六。

18世纪末第三等级同特权阶级的矛盾日益加剧。特权阶级顽固维护其特权地位。在第三等级中，农民和城市平民是基本群众，是后来革命中的主力。资产阶级则凭借其经济实力、政治才能和文化知识处于领导地位。

法国大革命就是整个第三等级在资产阶级的领导下发动起来的。1789年7月14日，第三等级攻破了象征封建统治的巴士底狱。1792年，又进行了第二次武装起义，打倒了法国波旁王朝，成立了法兰西第一共和国，并且随即处死了国王路易十六。

1799年11月，又一颗政治新星应运而生，他就是拿破仑·波拿巴。他发动了"雾月政变"，建立起临时执政府，担负起了扫荡欧洲封建势力、巩固大革命成果的重任。

法国大革命的浪潮一波胜过一波，很快这些呼声就越过海峡传播到英国来了。

为儿子忧心焦虑

瓦特发现，身边的很多朋友都不同程度地受到法国大革命的影响。在伯明翰，应声而起的就是波利斯托利博士。博士以法国革命的三大标语"自由·平等·博爱"为口号，开始做强势的宣传。

瓦特和鲍尔顿并不喜欢这种政治运动，他们聚在一起讨论这场风暴所带来的影响。

"波利斯托利先生那样做，实在太危险了。"

"要是不稍微谨慎一点的话，在这个动荡的时候，很容易发生危险的呀！"

他们虽然都是进步思想的同情者，但不喜欢因此而发生骚乱事件。果然，反对派愤怒的情绪，终于化为暴动向波利斯托利博士袭来了。

1791年7月，在伯明翰市的一家旅馆里，一批思想进步的分子正在举行法国革命两周年纪念的时候，反对者们得到了消息，他们把会场给包围起来。

"教会万岁！国王万岁！"

暴徒高声地喊叫着，开始打碎旅馆的玻璃窗。接着，暴民们又向远在两公里之外的波利斯托利公馆蜂拥而去。

幸好，有好心的人悄悄跑来报信，波利斯托利博士这才感到恐慌，他带着家眷匆匆逃离了家里。

冲进房间的暴徒，一下子就把家具全部给捣毁了，图书室里的书本也都给扔在地上，实验室里的装置也被搞得一片狼藉，最后在他们离开的时候还往屋子里放了一把火，一下子就把房间烧成了灰烬。

"打倒哲学家！国王和教会万岁！"

这是暴徒们的口号。大家惶恐不安，为了避免暴徒的袭击，家家在门口贴上这样一张条子："这里没有哲学家。"

法国大革命的余波在英国产生了严重的影响，而这也影响到了瓦特一家。

按照暴徒们的说法，瓦特和鲍尔顿，以及"圆月学社"的会员都是所谓的"哲学家"了，那样不是太危险了吗？

对于暴徒会产生什么样的破坏力，瓦特是深深知道的。早年间在伦敦学习技术的时候，那个时候伦敦街头就充满着暴乱，到处都在抓人，而现在又要经历这样的劫难了吗？

"鲍尔顿先生，我们也赶紧离开吧！不能再犹豫下去了！"

"请不要担心，瓦特先生。这不要紧的，会没有事情的。"

瓦特开始感到害怕，鲍尔顿安慰了多虑的瓦特之后，立刻召集了塞荷制造厂的员工们，供给他们武器，要是暴徒来袭击的话，叫他们尽全力防守。庆幸的是他们的工厂和私宅都没有受到暴徒的袭击。

星期日的黄昏，终于赶来了三个中队的骑兵，居民像遇到了救星似的热烈欢迎他们。暴徒一看到军队出动，也就纷纷作鸟兽散了。

经过了几天忐忑不安的日子后，瓦特也开始恢复了平静的生活，但是有一件事情使他非常担心，那就是他儿子詹姆斯的事。

1792 年，詹姆斯和他的亲密朋友古拔被选为曼彻斯特市宪法协会的代表而一起前往巴黎，投身于激烈的革命运动。

那个时候，法国大革命的两大首脑人物是丹东和罗伯斯庇尔，但是后来他们有了矛盾，互相争斗。詹姆斯曾为丹东的亲信。

也许是罗伯斯庇尔不忘旧恨，他就趁这个机会，诬陷詹姆斯和古拔两个人是英国首相的间谍。

自从发生这件事之后，詹姆斯为了安全起见，悄然地逃出巴黎，经过没日没夜的逃亡，终于越过国境而到达意大利，其后又辗转到了德国。

世上没有不透风的墙，詹姆斯在法国参与革命运动的事，很快就传遍了英国上下，素来以雄辩著称的巴克，就在英国下议院的讲坛上，对于詹姆斯拿着英国国旗而参加法国大革命的大事，大加攻击。

"詹姆斯先生的所作所为已经严重影响到大英帝国的形象，甚至威胁到了大英帝国的安定，我认为应该逮捕他。"

瓦特听到这个消息以后，非常担心儿子的安危，他知道自己的儿子处境非常危险，因为当时伦敦的一些政治团体的有力分子，都一一被捕而给送到监牢里去了。

就在这个非常敏感的时刻，詹姆斯悄悄回到了伦敦，而这个时候，他身边的危险依然存在。

鲍尔顿当时正在伦敦，詹姆斯回来之后，他马上就把这个消息告诉了忧心忡忡的瓦特。

瓦特收到信之后，连日来忐忑不安的心情终于得到一丝平复，他在第一时间给鲍尔顿回了一封信，在信中他请求鲍尔顿说："请您劝告詹姆斯一下吧！我这个儿子比较听您的话，我实在没有办法了！依我看来，詹姆斯这孩子，与其叫他做旁的事，还不如让他在我们工厂里帮忙呀。"

也许鲍尔顿的忠告有了效果，也许是长期以来颠沛流离的生活让他有了回家的念头，在经过了一番深思熟虑之后，詹姆斯像是从长久的噩梦中醒过来的人一般，毅然地退出了政治运动，踏上了回到伯明翰的归程。

控诉侵权伪造蒸汽机

"啊！詹姆斯！你平安地回来了。"瓦特看到爱子终于平安归来，激动得热泪盈眶。长久以来他一直为这个儿子牵肠挂肚，现在他终于平安归来了，如何能够不激动？

"詹姆斯回来了，那可真是太好了！"鲍尔顿也高兴地赶来。

"鲍尔顿先生，这次还多亏了您，要不是您劝说詹姆斯，这孩子还不肯回家呢！"瓦特由衷地感谢说。

"说的哪里话，我的话哪里那么管用，主要还是詹姆斯这孩子自己想通了。对了，接下来你打算怎么安置詹姆斯呢？"

"就像上次所说的那样，只要詹姆斯能专心于实业方面，我们就在厂子里给他先找个工作吧！"

"这个我也赞成。"

"现在您的儿子罗宾逊正在负责复印机制造事业，他是个十分优秀的青年，现在复印机制造业在他手中发展得不错，不如让詹姆斯也投入其中。我们也老了，过几年就把事业都全部交给他们管理，你看怎么样？"

在那个时候，瓦特发明的复印机大受欢迎，复印机事业方兴未艾，已经成为整个事业中的一个重要部门。

"这真是妙极了，马上就照这样进行吧！"

就这样，罗宾逊和詹姆斯两个小字辈成了合作伙伴，他们开始学习企业管理，除了负责复印机事业的管理外，同时也成为蒸汽机事业的股东之一，来协助他们的父亲。

两个年轻人一加入，整个塞荷制造厂就充满了新生的气象，事业也更加发达起来了。

"鲍尔顿先生，看到了吗？这两个孩子做得真不错，这样一来我们大可安心了。"

"我也有同感，到底是年轻人，比我们有魄力啊！"

"为了这个事业，我们一起奋斗了一辈子，我想我们到了退休的时候了。"

"是该退休了！不过，在还没把这个事业完全交给这两个孩子之前，有一件事情必须要先解决掉。"

"是什么呢？"

"那就是专利权侵害的问题。"

事实上专利权问题一直伴随着他们，并没有得到过切实的解决。瓦特发明出了附带有分离凝结器的蒸汽机以后，工矿业对于这种机器的需求很旺盛，但是鲍尔顿的工厂生产能力毕竟有限，所以就造成了供不应求的情况。

瓦特的蒸汽机的专利期限是 25 年，只要这个专利权存在一天，是不准许旁人来仿制这种附有分离凝结器的蒸汽机的，但是利欲熏心，在利润的巨大驱使下，就很多人无视瓦特的专利权，毫不客气地制造附有分离凝结器的机械来卖。

由于技术能力有限，一开始这些仿造的制品过于粗劣，所以，鲍尔顿认为没有加以检举的必要，也就没有放在心上。

但是，鲍尔顿的不闻不问无意间增加了侵权者的嚣张气焰，在这些侵权者当中，渐渐地也能制造出优秀的蒸汽机来了。塞荷制造厂的熟练工人，在充分地学会了瓦特机器的制法之后，有些道德不良的人就把优秀的技术出卖给那些恶意的侵权者。

既然是伪造产品，当然就不需要缴专利使用费了。

"现在私制的蒸汽机那么多，不管买谁的都可以，只要不买瓦特的，我们就不需要支付使用费了。"

因为伪造产品不需要缴纳专利权使用费，所以伪造的人很多，而且使用的人更多。

鲍尔顿和瓦特开始商量对策，最终他们决定对这些侵害者当中最具代表性的人加以控告，其中一个是洛亚，那个曾经得到过瓦特照顾的技工；另一个叫爱德华·布尔，一度被商会雇为蒸汽机装置工作的技术家。

1796 年，最初的陪审判决，确认了瓦特的专利权的正当性，这次的判决是瓦特胜利了。塞荷制造厂还放了祝贺炮，举行了盛大的庆祝大会呢！

但是，事情并没有因此而结束。被告因为不服，不久之后又开始上诉。而为了追回从前拖欠的专利权使用费，鲍尔顿和瓦特也开始频频维权，不惜耗费巨资，积极地打官司。

这几场官司打了好久，一直到 1799 年 1 月，经过高等法院再审的裁定，确认了原判。

瓦特因为打赢了官司，很高兴地从伦敦写了一封信给鲍尔顿说道："关于这次的诉讼，我们完全地胜利了。这下子我们终于可以放心了。"

几场官司胜诉，他们马上向矿山业者请求现金支付使用费，虽然相当的困难，但也收回大约 30000 英镑的滞纳费。

培养事业的接班人

专利权维权的官司打赢了，鲍尔顿和瓦特都很开心，这个时候他们又忙着在塞荷开设新的工厂。瓦特的专利权到 1800 年就截止，可是由于各方面对于蒸汽机的需要日益增加，所以瓦特和鲍尔顿的这个共同事业实在没有解散的理由。

事实上瓦特的专利权期限只剩下一年，一年后他们就不能再像以前那样去收取专利权使用费了。

"我们必须要提高蒸汽机的效率，提高蒸汽机的质量，只有这样才能在失去专利权以后同其他的蒸汽机行业者竞争。"

于是，他们便开始着手新工厂的建设。

新工厂的基地离塞荷制造厂只有几公里远，位于连接伯明翰和瓦尔巴·汉普顿运河的一个交通要地，运输十分便利，从运河到工厂的起货场也掘了一道船坞。

沿着工厂一路走来，鲍尔顿和瓦特感慨颇多，鲍尔顿说道："瓦特先生，你还记得 35 年前我们说过的话吗？"

"你说的是哪件事情呢？"

"当我们刚刚开始着手制造蒸汽机的时候，计划将来要建设专门制造蒸汽机的工厂，有组织地制造所有的蒸汽机的零件并且形成专业化产业化批量生产。"

"是呀！那个时候，我们以为这不过是个梦想罢了。"

"可是那个梦想现在到了实现的时候了，35 年过去了，我们终于实现它了。"鲍尔顿十分感慨地说道。

新制造厂里面，增设了许多制造蒸汽机所必需的各类附属工厂，像铁工厂、旋盘工厂、装配厂、干燥室、铸器厂、空气炉等。由于工厂规模扩张得太大，一时之间招募不到足够的工人，只好把塞荷制造厂的一班人，和原先在威尔金森铁工厂蒸汽机部工作的技工迁移过去。

1895 年，这个大工厂渐渐地开始动工了。而这个时候瓦特已经 59 岁了，在 60 岁诞辰即将到来的时候，他宣布退休："我现在已经退休了，不再干预蒸汽机上的事业，相信年轻的这一辈人一定能好好做下去的。"

詹姆斯·瓦特和罗宾逊·鲍尔顿从父辈们的手中接过了接力棒，开始全面地经营起这个庞大的事业。他们比起父辈们的时代干得更加有声有色。

他们秉持着父辈们一贯的方针而加以灵活运用，在技工的技术方面下了一番功夫，后来塞荷工厂成为培养技术人才和熟练工人的人才基地了。

默多克不遗余力地支持，对于两个年轻人来说，无异于如虎添翼。默多克很早就被称为是瓦特和鲍尔顿的左右手，在塞荷，整个机械部都归他一人支配，对于工厂的事业，他也做出了巨大的贡献。

默多克时常从事着发明的计划，而且他还具有一种不屈不挠的精神，在这方面和瓦特比较类似，所以很是受到瓦特的喜欢，瓦特也不遗余力地培养和教导默多克。

默多克设计了铸造、穿孔、旋削等新机械，使得蒸汽机的装配得以精确，并且在制造上加以种种的改良。

1785 年，默多克发明了筒振机械，其后为了改良瓦特蒸汽机，又发明了滑动活门。这个发明对于蒸汽机的构造和动作趋于简化，有很大的助益。

"当默多克发明了他的滑动活门的时候，我还认为它没有之前实用而大加反对，后来看到它无比的优越感时，我就不得不认输了。"

瓦特这样说。

默多克的实力如此雄厚，就连瓦特都承认错误，如此一来，各方面自然是纷纷利诱。

"默多克先生，在塞荷工厂，你无论怎么努力都只是一个工人，何不自己独当一面呢？资本的问题你完全不用担心，你只要做好技术就可以了，怎么样？我们来共同经营吧！"

不知被引诱了多少次，但是默多克却不为所动，他对鲍尔顿和瓦特的忠诚始终是不变的。

在瓦特宣布退休之后，默多克就担任两个年轻人共同事业的顾问，而把事业带上了更加成功之路。

后来默多克也成为煤气灯的发明者。煤炭经过蒸馏后所发出的气体，很容易燃烧，这件事很早以前就为人所知道了，但实地拿来应用的却首推默多克。

默多克最早开始研究煤气灯是在 1792 年。那个时候他还在莱特罗斯的地方服务，白天为了工厂的事忙得不亦乐乎，煤气灯的研究就只有在工作完毕后的晚上来进行了。虽然困难重重，但是默多克还是坚持在自己的家里和办事处，进行煤气照明的实地实验。

1794 年，默多克回到塞荷，他马上把实验的结果，详细地告诉瓦特："煤气灯照明至少要比油类或蜡烛来得高明，而且费用非常便宜，也很安全。如果能够取得这个专利权，肯定是一个有利的事业。"

不巧的是，当时瓦特和鲍尔顿正被蒸汽机的专利权诉讼问题给搞得焦头烂额，无暇顾及其他的事，只好先把这个构想抛在一旁了。

默多克并没有因此放弃，虽然暂时性放弃煤油灯的发明，但是他还在不断发明新的东西。

1789 年默多克再度回到塞荷的时候，又对煤油灯做了进一步的研究。他设计了一种装置，可以大规模地制造煤气，并且加以贮存。不久，塞荷制造厂内的办公室等处，都用这种煤气灯来做照明设备。

1802 年，一天晚上工厂举行了宴会，整个工厂张灯结彩，煤气灯把夜晚照得如同白昼一般，大家看了都为之一惊。

"原来默多克的新发明不仅较为安全，使用简单，而且比较经济，光度又强。"

由于这件事实被证明了的关系，1803 年，塞荷制造厂全部都由默多克装上这种煤气灯了。不久，许多的大商行，也装设了这种煤气灯。

但是想要把这种照明法在议会中通过，却是一件不太容易的事。

一位议员这样质问默多克："你说的就是不用灯芯也能点火的事吗？你确定你不是在开玩笑吗？"

"是的，先生，就如您所说的那样。"默多克回答。

这个时候这位议员却怪声地叫起来："你的想法倒是很不错，但是小伙子，谁都知道这种事情是不可能的呀！"

从制造气体的地方，通过长长的管子，输送到几公里远的地方，就在那里喷出火来，这种事情在思想陈旧的议员们心中是难以置信的。

担心出事的议员们在前往实地查验的时候都戴上了手套，直到他们碰了一下管子，才知道一点儿也不热。

事实胜于雄辩，事实证明，有益于人类的发明，总会有出头的一天。1810 年，一份关于"煤气灯和熟煤公司"的设立提案，终于由议会通过而成功了。又一个新的产业出现并且快速兴盛起来。

挚友鲍尔顿去世

1800 年，瓦特的蒸汽机专利权期限届满的时候，鲍尔顿已是 72 岁，瓦特也有 64 岁了。

瓦特早在五年前就已经宣布退休，但是鲍尔顿却依旧不厌其烦地工作着。

"鲍尔顿先生，你已经为这个事业奋斗了一辈子，现在孩子们也都成才了，这些年来做得也有声有色，你也应该卸下担子好好休息，安享晚年了。"瓦特经常劝鲍尔顿。

"不，瓦特先生，事业就是我的生命，我一生的兴趣、娱乐和生活都与我的事业是紧密相连的，如果让我停下手中的工作，那么我宁愿马上死去。"

对于鲍尔顿来说，除非让他停止呼吸，否则的话他是不可能放弃工作的。

几年前，鲍尔顿的身体就已现出危险的征兆，已经到了可以退休的时候。但对鲍尔顿来说，从事业上退下来，无疑意味着死亡。

晚年的鲍尔顿最感兴趣的就是铸造货币。他在塞荷制造厂里兴建了一个拥有庞大设备的造币工厂，在那里不仅是英国货币，甚至美洲殖民地、印度、西班牙、法国、俄国、丹麦、墨西哥等国家的货币也都可以铸造。

当他看到这些由自己发明的铸造法所造出来的美丽金币、银币、铜币的时候，内心感到无限的喜悦，有一种成就感。

可是瓦特和鲍尔顿不同，事业对于瓦特似乎并不那样重要，所以他常常能够从那繁杂的工作中解放出来，把心平静下来。随心所欲从事发明或研究，这就是他日夜所祈求的事。

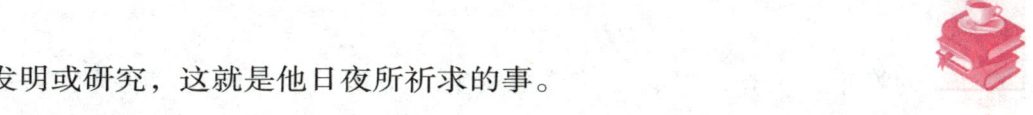

瓦特的一生充满了传奇色彩，童年时期家境富裕，青年时期四处求学，中年时期努力拼搏。到了晚年，他是真的卸下了一切担子，在财富与荣耀的光环中幸福地生活着。

瓦特的发明让伯明翰这个城市萌发了强烈的生命力，一个个工厂悄然建立，城市迅速繁荣起来，而瓦特的老家现在已经被一大片高耸的房子所包围。

瓦特从来都不喜欢喧闹的环境，他向往的是清净与安宁，所以他决定搬家。

1790 年，瓦特搬到了亨斯教区，买下了希斯田地四周约 42 亩的荒地，修建了一所大房子，在那里种了些树木，盖起了门房和温室，甚至还开垦荒地，弄了一小片菜园子。

不久，那些树木长大了，曾经是荒凉的地方，如今一变而为美丽的田园风景，让人心旷神怡。

在屋后设了一个铁工厂，二楼还有工作房，是利用屋顶的亭子而设置的，在那里他长期地继续从事机械的研究和实验。

生性节俭的瓦特，很早以前就养成储蓄的习惯，所以他的账户中有一笔不小的存款。

"许久以来我就被金钱所困，这回总算有比较宽裕的钱财可用了。"瓦特感到很满足。

瓦特还是和从前一样，把大部分的精力放在新的发明研究上，但是他也开始喜欢上了旅游。在晚年，他开始四处旅游，去过很多地方。

瓦特和妻子结伴到欧洲大陆旅行，他们走遍了比利时，沿着莱茵河坐船到法兰克福，然后又去了斯特拉斯堡，最后才由巴黎返回英国。

在新居的这段时光是瓦特一生中最为幸福的时光，可是在这平静的晚年，也有许多痛心的事情发生，而其中最为让人哀伤的，就是他相继失去了一对儿女，其后又失去了鲍尔顿。

瓦特的后妻，曾为他生了一儿一女，瓦特也尽心地培养这对儿女，希望他们成才，没有想到这两个孩子竟先他父亲而去世了。

1794 年，15 岁的女儿珍妮不幸死于肺结核。由于当时的医学还不够发达，还没有抑制肺结核的药物出现，所以这种病便成为当时的绝症，夺走了无数人的生命。

珍妮死后不久，她的哥哥格雷戈里也开始感染上了这种可怕的肺结核。格雷戈里是一个非常优秀的年轻人，年纪轻轻的时候就已经展露出与他父亲一般优异的天才思想，在当时算得上小有名气。

瓦特很担心，夫妇两人带着孩子到克里夫顿的南海岸去休养，指望那里温和的气候能够使他康复。

但是一切都是徒劳的，1804 年 10 月，格雷戈里病逝，年仅27 岁。

瓦特尽量压抑住自己的悲伤的情绪，但是丧子之痛如何能够压制？这个孩子与他父亲的感情极其深厚，他的精神、气质和性格都和瓦特十分酷似，瓦特最喜欢的一个孩子就是他。

但是现在，自己寄予厚望的儿子竟然就这样离开了自己。一股难言的悲伤，一直吞噬着日渐虚弱的瓦特。为了排解内心的痛苦，瓦特一心埋头于新的研究当中，为了治疗肺结核，他专门设计出一种呼吸气体的装置。

当瓦特正要宣告他完成这件伟大的发明的时候，不幸的消息又一次传来，与他相交几十年的挚友鲍尔顿辞世了。

1809 年 8 月 19 日，鲍尔顿终以 81 岁的高龄离开了人世。晚年的鲍尔顿长年为肾脏病和结石病所侵扰，长期躺在病床上，但他始终关心工厂的运转情况。

当时，病床的周边聚集了他的部下，当他们向鲍尔顿汇报完工作

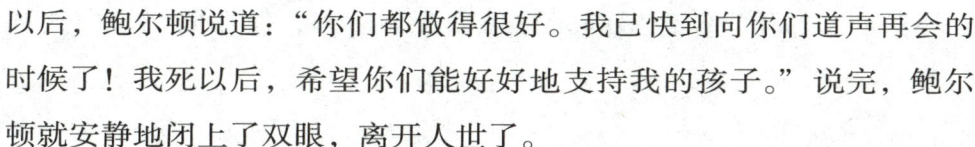

以后，鲍尔顿说道："你们都做得很好。我已快到向你们道声再会的时候了！我死以后，希望你们能好好地支持我的孩子。"说完，鲍尔顿就安静地闭上了双眼，离开人世了。

鲍尔顿是一个优秀的企业家，他一生从事蒸汽机事业，并且为它投入了所有的金钱与精力。但是奇怪的是鲍尔顿这么做并不是出于兴趣，因为他充分预知到了蒸汽机的未来发展前景。

高瞻远瞩，提前预见到蒸汽机将引起全世界的工业革命，具有这一伟大使命的人，并不是发明者瓦特，而是鲍尔顿。

当瓦特因挫折而陷于绝望时，鲍尔顿就给予安慰。当瓦特因失败而感到沮丧时，他就予以鼓励。

可以这样说，如果没有鲍尔顿的全力资助，瓦特的发明就可能会中途夭折。如果没有鲍尔顿的苦心经营，瓦特的蒸汽机也不会如此快速地推广到各行各业。

鲍尔顿是一个天生的乐观主义者，他常常对瓦特说："要经常想一些开心的事情，这样才能每天过得快乐。"

为了能够让瓦特全心全意地发明，他还特地交代周边的人说："请你们不要搅乱瓦特的心情，尽量避免让他分担忧愁。"

谁也没有想到这样一个敢于拼搏、乐观积极的人，竟与世长辞了。对于鲍尔顿的死，没有一个人不感到悲伤的。当他的遗体被运到亨斯华斯教会的墓地安息时，陪伴灵车送葬的千百名员工，没有不为之哀伤流泪的。

当鲍尔顿辞世的消息传来的时候，瓦特正在格拉斯哥，听到消息他悲痛万分，当即写下了一封哀悼信。他在信中说道："具有他这样的才能的人不多，能够像他这样发现自己全部才能的人更是少得可怜；像他这样为人豁达而又满腔热情的人，实在是很难找出第二个来。"

瓦特专门从格拉斯哥赶回去，参加鲍尔顿的葬礼。对于这个相交

瓦特 · 幸福的晚年

一生的朋友的死亡，他感到无比的痛心。后来，他在回忆录中这样写道：

在事业上，能够弥补我这个生性容易失望，而且容易失去自信的人，就是乐天的鲍尔顿。在伯明翰，在塞荷，我得到他所给予我的一切援助。

现在，世人之所以能够广受蒸汽机的恩惠，全要归功于鲍尔顿对这项事业无比的关心和热心的经营，以及高明的远见。

假如没有鲍尔顿的帮助，单靠我一个人的力量，我想这个发明恐怕不能有今天的成就。

瓦特越来越感到孤单，失去了知己鲍尔顿以后，在其后的几年中他的另外一些老朋友也都相继去世。

然而，出乎所有人的预料，生来就体弱多病的瓦特，竟比一般强健的人活得更长久，老年的时候不但身体状况比年轻的时候要好，而且思维相当活跃。这实在是一件不可思议的事。

瓦特感到孤寂，他害怕这种感觉，于是他想方设法排解。他常常和一些年轻的朋友聚在一起，看着他们在一起讨论气体、光热和电等一些科学问题，而这个时候，他总是面带微笑地听着。

晚辈们对于瓦特的友情和赞美，弥补了他由于接连失去亲人和朋友所产生的孤独感。

安逸的晚年生活

进入老迈的境地，最使瓦特担心的，就是知识是否在减退。

瓦特这样说："年老的现象当中，最使人难堪的就是失去青年时代的旺盛精力！"

消磨了瓦特悠长的晚年岁月的，是雕像复印机的发明。对于终日生活在机械当中，只知改良和发明的瓦特来说，到晚年仍把发明当作是他唯一的乐趣。

瓦特这项发明，通常都在他家的顶楼上进行。在厨房侧厅的顶楼，有一条狭小的楼梯，走上去便是一间低矮的阁楼，这个阁楼就是瓦特晚年工作的房间。

天花板很低，只有一个窗户，根本就像堆存东西的地方，还好，从窗口可以看见院子的灌木。因为是顶楼房间，所以白天也显得很昏暗，而且夏天很热，冬天很冷。只有一个暖房用的火炉放在门边。到了严冬，一个火炉根本发挥不了取暖的作用。

为了取得光线，瓦特就在屋顶开了个天窗，加以改装以后，就变成他的工作房了。

在这个小小的顶楼里，保存了差不多半个世纪以来瓦特生活中的纪念物。

左边柜子里放着的是他年轻时代所用的各种小工具和研究的画稿。第二个抽屉收藏着他很早以前制造笛子的工具。最后一个抽屉，则收藏着圆规、分线器、尺、象限仪等数学用具。

墙上挂着他四十多年前在格拉斯哥大学里开设店铺时常穿在身上的那件技师用的皮围裙。窗口边儿的那个橱子，排满了矿物标本和一些他曾一度研究过的化学药品的瓶子。火炉的旁边吊着一只熔铅的锅子，甚至还吊着一根焊接用的烙铁呢！

瓦特把种种回忆，都一一收藏在这个顶楼里。失败也好，成功也好，他半辈子生活的历史，全部搜集在这个小房间内。

这些东西可以说就是瓦特的精神支柱，每当他一踏入这个房间，这一件件东西总使他陷入沉思，使他沉浸在过去的回忆里。

就在这个房间，瓦特又完成了许多让世人惊叹的发明。

1807 年，瓦特完成雕像复制机的发明。以前的复印机，只是复制同样大小的机械，而现在这个，却能够任意地缩小，复制出更为完全的形象。

一天，一个名叫霍金斯的青年来拜访。交谈之下，才知道原来那个人竟和瓦特同时在制造同样的雕像复制机，这可以说是一种巧合。

"那太巧了！瓦特先生，不如我们一起去申请这个复印机的专利权吧！"年轻人高兴地说。

瓦特温和地笑了一笑，说道："不，年轻人，这仅仅只是为了排解寂寞才做的，以后我还想再发明一些东西呢！"

瓦特微笑着谢绝了年轻人，就这样，专利权的问题就给搁下来了。

瓦特为了想用自己所做的这个机械来复制实物的肖像，就从有名的雕刻家达那莱克那里，借来亚里士多德、苏格拉底等人的肖像。

他如痴如醉地钻研这种技术，整天都把自己关在阁楼里。开始工

作的时候，连吃饭的时间都会忘掉，突然觉得饿了，就随便找点东西充饥。

瓦特的妻子也担心年老丈夫的健康，时常叫他加以留心。但是，他一躲进顶楼里，妻子的话语就一概都听不进去了。

妻子没有办法，就在顶楼的火炉上放了些面包、鸡蛋和冷肉，又准备了一套茶具。这样一来，只要他高兴的时候，或在工作告一段落的时候，就可以随便地拿起来吃了。

虽然工作环境差了一点，但是只要进入这个阁楼，瓦特就会忘记一切，全身心地投入到工作之中。

为了证明自己锐气不减当年，瓦特亲自为格拉斯哥自来水公司设计了一套治理河水的方案。

那年瓦特已经 75 岁了。有一天，格拉斯哥自来水公司的技师来拜访他。

"先生，我想拜托您一件事情。"

"什么事情呢？"

"我们公司想从克莱德河对面的小岛上，把水引到达尔马诺克。想必您也知道，克莱德河河床是极其高低不平的，而且又时常移动，所以，要想越过河床在上面架设自来水管这件事，不知道怎样才好。我们实在想不出来，所以只有麻烦您了。"

"是吗？真是一个有趣的问题。好吧，我来想想办法。"瓦特顿时表示出对于这个工程的兴趣，他已经有很久没有投入到这样的工作中去了。

不久，格拉斯哥自来水公司收到了瓦特的一张设计图，那是用虾壳制成的模型，是有关连接铁管的设计。

格拉斯哥自来水公司的人一看到这种设计，不禁喊叫起来："天哪！这是真正出色的天才发明家才能想得出来的主意呀！"

公司决定马上按照瓦特的设计图行事。后来，横越高低不平的克

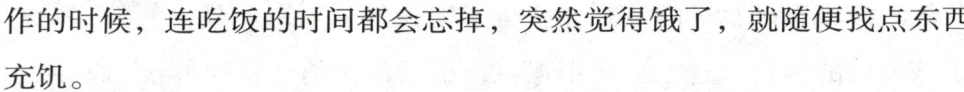

莱德河河床架设水管的计划，获得了很大的成功。但是，瓦特却谢绝了该公司的酬金。这家公司很遗憾，最后赠送给瓦特一件金制餐具。

到了晚年，瓦特变得更为沉着稳重了，无论是谁他都能虚心地接待。瓦特的苏格兰土音，虽然到老都无法改掉，但是随着年龄的增长，他的人格特质也经过了一番磨炼，接待一切人，也都能以圆熟热诚的态度来应对了。

即使到了头发全白，年纪也相当老了的时候，瓦特还是像以往那样，大部分的时间都关在那个顶楼里，始终朝着发明之途迈进。但是只要脑子稍一感到不适，他就到景色优美的田园中去散散步。

人到晚年，就容易怀旧，所以一到夏天，瓦特就到乡下去暂住几天，有时到伦敦、格拉斯哥等地方去探望亲友。

在格拉斯哥，他总是住在前妻玛戈蕾特的娘家那里，而且有时还和大学教授们会餐；不然，就跑到年轻时曾经和鲁滨孙一同走过的地方，回味一下当日的情景。

每次回忆起这些场景，总是让瓦特神伤不已。

"当年收我为徒的那家眼镜店现在还在，可是当年和我一起做事的那些技工们，现在却一个也不在了。"

瓦特一边走着，一边用手杖指着那些林立的工厂，和从烟囱里冒出来的浓烟，不由得感到很欣慰。

"这一带，本来是以烟叶起家的豪商聚集的地方，现在一变而为制造工厂的中心了。从前以出产鲜鱼著名的克莱德河，现在却被来往的蒸汽船挤得水泄不通，所有的工厂都响着蒸汽机猛烈转动的声音。"

应该说，如果没有瓦特发明的蒸汽机，就没有英国经济上的迅猛发展，工业革命也不知会往后推多少年。

1784年，瓦特被选为艾汀巴拉皇家学院的会员，翌年被选为伦敦皇家学院的会员。

1787年，瓦特被选为鹿特丹的巴达维亚协会会员。1806年，格拉斯哥大学赠给他法学博士学位，瓦特就在那个时候在格拉斯哥大学设立自然科学和化学的瓦特奖。

1814年，他被选为法国科学院的通信会员，他是该院第八个外国籍会员。

以瓦特的知名度，做个州郡长官也是不成问题的。斯达福特州和拉特诺许州，曾经两度请他出任州长。但是瓦特却拒绝了，他说："你们看吧，像我这样的一个老年人，请不要再给我烦累的事做了。"

"我想我的发明使几百万的人都有了职业，国家也有了几百万英镑的财富收入。现在我这样老了，当然有退休养老的权利！"

瓦特已经功成名就，在英国，他的名字已经家喻户晓。他的会客厅里经常挤满了慕名而来的造访者。瓦特喜欢和那些人坦然地畅谈一切。

瓦特的知识非常渊博，无论问他什么事情，他总是好像刚研究过似的，给你一个内容丰富的答复。虽然这样，但事实上他根本没有想夸示他博学的意思。

在大众集会的场所，如果没有轮到他说话，他也不会急于发言，他总是以一只手支着脑袋，好像在思索什么似的静静地坐在那里。在这样的场合中，这位静穆的老人往往也就成为谈话的中心人物了。

他曾告诉过一位瑞典的画家说，最柔软而富于弹性的画笔是用老鼠的须毛做的。对于妇人们，他就教她们怎样修理烟囱、暖房或染布的方法。对于侍女们，则教以怎样才能把火炉清扫得干净一些。

据某一个妇人说，瓦特时常把木匠用的折尺放在裤袋里，在晚餐后的闲谈当中，把它取出来，用来说明一些问题。

这样，瓦特就在大家的爱戴下，安详地度过他的晚年。

在悠长的一生行将终了的时候，瓦特又再度回到了以前那样可以专心研究的生活。瓦特是技工，是个制造者，同时也是个发明家，他脑子里已经不再想着尽快把发明的产品送到市场去了。

这对于老发明家来说是多么愉快啊！

瓦特在复制希腊女诗人萨福的胸像时，曾把自己关在顶楼里40个小时。这位将近80岁的老人，把整天的时间，专心于一件工作上。

从天窗透进来的微明的光线照在瓦特身上，他一手按在工作台上，一手安详地舞动着凿子。这种情景，让人有一种神圣的感觉呢！即便是在天气很好的时候，他还是照样穿上毛衣，围上皮围裙努力工作。

1819年的秋天，瓦特被最后的疾病所袭，当他悟到他的死期即将来临的时候，他对围在床边的一些悲伤的亲友说："大家不要悲伤，是人都会走上这么一遭，我已经觉悟到这是我最后一次生病了。也许我该去陪我的母亲了。"

1819年8月19日，詹姆斯·瓦特以83岁的高龄在家中逝世。他的遗体埋葬在亨斯华斯教会的墓地，与他相伴一生的挚友鲍尔顿的坟墓并肩排列。

在詹姆斯·瓦特的讣告中，有这样一段话高度地赞颂了他所发明的蒸汽机：

它武装了人类，使虚弱无力的双手变得力大无穷，健全了人类的大脑以处理一切难题。它为机械动力在未来创造奇迹打下了坚实的基础，将有助并报偿后代的劳动。

1824年，在纪念瓦特逝世五周年的时候，人们在伦敦有名的威斯敏斯特大教堂内树立了一块纪念碑，以表彰瓦特对人类科学所做出的巨大贡献。

后来，为了纪念瓦特这位伟大的发明家，人们便把功率的单位定为"瓦特"。

附　录

　　发明创造永远不属于那些生活慷懒、工作邋遢和追求享受的人，而是属于那些昼夜思考和衣襟浸透汗水的人。

　　　　　　　　　　　　　　　　　　　　——瓦　特

经典故事

❧ 从小就喜欢动手实践 ❧

瓦特从小性格就很倔强。他和别的孩子一样都喜欢玩具，但是与众不同的是，到他手里的玩具一定要拆开，零件要卸下来，要看个究竟，弄个明白，然后再按照原来的模样安装上、组合好，使玩具恢复原状。

一次邻居家孩子的小车坏了，那个孩子很着急，瓦特拿过来，鼓捣鼓捣就好了。像这样的事可多了，不知瓦特给孩子们修好了多少玩具呢！

童年的瓦特，身体瘦弱，学的知识虽不多，他却记得很牢固，有时还能举一反三。在他六七岁时，有一天一位客人来看望他父亲。

闲聊时，客人看见瓦特正拿着一支粉笔在地板上、火炉上，画些圆圈和直线。

客人便关切地对他父亲说："你为什么不送孩子进学校学些有用的功课呢？在家里乱画，岂不白白浪费时光吗？"

父亲马上哈哈大笑起来，然后回答说："先生，你仔细看看，你看我的孩子在画什么。"

客人很纳闷，好奇地走过去，细心地瞧了一阵子，便恍然大悟地说："啊！原来是这样。这孩子画的是圆形和方形的平面图！这不是浪费，是在演算一个几何学上的问题。绝不是浪费。"

说完后，赞许地拍拍瓦特的肩膀。

瓦特的倔强性格，表现在他对科学文化知识的追求上，孜孜不倦，不达目的，决不释手。倔强的性格没有给他带来什么损失，成了他可贵的财富。

❧ 喜欢刨根问底的孩子 ❧

在瓦特的故乡格里诺克的小镇子上，家家户户都是生火烧水做饭。对这种司空见惯的事，有谁留过心呢？瓦特就留心了。

有一次，他在厨房里看祖母做饭。灶上放着一壶开水。开水在沸腾。壶盖"啪啪啪"作响，不停地往上跳动。瓦特观察了好半天，感到很奇怪，猜不透这是什么缘故，就问祖母说："什么玩意儿使壶盖跳动呢？"

祖母回答说："水开了，就这样。"

瓦特没有满足，又追问："为什么水开了壶盖就跳动？是什么东西推动它吗？"

可能是祖母太忙了，没有工夫回答他，便不耐烦地说："不知道。小孩子刨根问底问这些有什么意思呢？"

瓦特在他祖母那里不但没有找到答案，反而受到了冤枉的批评，心里很不舒服，可他并不灰心。

连续几天，每当做饭时，他就蹲在火炉旁边细心地观察着。起初，壶盖很安稳，隔了一会儿，水要开了，发出哗哗的响声。

蓦地，壶里的水蒸气冒出来，推动壶盖跳动了。水蒸气不住地往上冒，壶盖也不停地跳动着，好像里边藏着个魔术师在变戏法似的。

瓦特高兴极了，几乎叫出声来，他把壶盖揭开盖上，盖上又揭开，反复验证。他还把杯子、调羹遮在水蒸气喷出的地方。瓦特终于弄清楚了，是水蒸气推动壶盖跳动，这水蒸气的力量还真不小呢！

就在瓦特兴高采烈、欣喜若狂的时候，祖母又开腔了："你这孩子不知好歹。水壶有什么好玩的，快给我走开！"她漫不经心地说。

他的祖母过于急躁和主观了，这随随便便不放在心上的话，险些挫伤了瓦特的自尊心和探求科学知识的积极性。年迈的老人啊，根本不理解瓦特的心，不知道"水蒸气"对瓦特有多么大的启示！水蒸气推动壶盖跳动的物理现象，正是瓦特发明蒸汽机的认识源泉。

1769 年，瓦特把蒸汽机改成为功率较大的单动式发动机。后来又经过多次研究，于 1782 年完成了新的蒸汽机的试制工作。

瓦特还在机器上装上了联动装置，并把单动式改为旋转运动，这样，完善的蒸汽机就正式问世了。

由于蒸汽机的发明，加之英国当时煤铁工业发达，所以英国成为世界上最早利用蒸汽推动铁制"海轮"的国家。

19世纪后，由于蒸汽机的发明，一些国家开始海上运输改革，进入了所谓的"汽船时代"。从此，大轮船行驶在茫茫无际的海洋上了。

随之而来，煤矿、工厂、火车也全应用了蒸汽机，体力劳动解放了，经济发展了。这不能不说是蒸汽机发明的成果。当然，这也是蒸汽机的发明家瓦特的功劳。因此，瓦特在世界上享有盛名。

❧ 从茶杯联想到冷凝器 ❧

有一天，格拉斯哥大学收到一台要求修理的纽科门蒸汽机，任务交给了瓦特。

瓦特注意到毛病主要是缸体随着蒸汽每次热了又冷，冷了又热，白白浪费了许多热量。能不能让它一直保持温度而活塞又照常工作呢？于是他自己出钱租了一个地窖，收集了几台报废的蒸汽机，决心要造出一台新式机器来。

从此，瓦特整日摆弄这些机器，两年后，总算弄出个新机样子。可是点火一试，那汽缸到处漏气。瓦特想尽办法，用毡子包，用油布裹，几个月过去了，还是治不了这个毛病。

一天他又趴到汽缸前观察漏气的原因，不小心一股热气冲出，他急忙躲闪，右肩上已是红肿一片，就像被一把刀削过一样，热辣辣地疼起来，弄得他心烦意乱。

一天，瓦特干累了守着炉子烧一壶水喝茶。他一边喝茶，一边看着那一动一动的壶盖。他看看炉子上的壶，又看看手中的杯子，突然灵感来了：茶水要凉，倒在杯里；蒸汽要冷，何不也把它从汽缸里"倒"出来呢？

这样想着，瓦特立即设计了一个和汽缸分开的冷凝器，这下热效率提高了三倍，用的煤只有原来的四分之一。这关键的地方一突破，瓦特顿然觉得前程光明。

他又到大学里向布莱克教授请教了一些理论问题，教授又介绍他认识了发明镗床的技师。这位技师立即用镗炮筒的方法制作了汽缸和活塞，解决了那个最头疼的漏气问题。

❧ 外出散步得到的灵感 ❧

对瓦特来说，一星期当中只有星期日下午的片刻时间可以舒一口气。瓦特从少年时代就养成一个习惯，每每要思考什么事的时候，就马上从家里跑出去，在故乡格里诺克的树林中踱来踱去，一直到日落西山才回家。

瓦特尽可能地往行人稀少的路上走，脑子里却一直被一个问题所占据。

"要使汽筒不必一冷一热地改变温度，就可以加快速度，并且不浪费水蒸气了！"

在这几天当中，无论是睡觉、吃饭或工作，瓦特都不停地思考着这个问题。从大街到小巷，从广场到大厦，瓦特足足走了差不多有一个钟头。

这时，一片绿油油的草地映入了瓦特的眼帘，瓦特停下脚步，欣赏这美丽的景色，让紧张的大脑松弛一会儿。

不久，"热量和凝结"的问题，在瓦特的脑中悄然消失了，这使瓦特感到无比舒畅。

"哎！回家吧！"

瓦特伸了一个懒腰，然后慢条斯理地往家走去，刚走过洗衣店，到达牧羊人所住的小屋时，又一个念头飞进了他的脑海里。

"由于水蒸气是一种具有弹性的物体，因此，凡是有真空的地方，它就无孔不入。如果在汽缸和蒸汽室之间加一个通道，蒸汽就会进入里面而冷凝，这样就不用冷却汽缸，纽科门机的问题不就迎刃而解了吗？"

瓦特高兴地跑起来，脚步腾空。霎时间，他的身影便出现在陪伴他多年的操作台上。

年　谱

1736 年 1 月 19 日，詹姆斯·瓦特诞生于苏格兰的格里诺克镇。

1753 年，母亲阿哥娜丝去世。

1754 年，在格拉斯哥市的一家眼镜店当学徒。

1755 年，离开苏格兰，到伦敦学习仪器制造，在师傅莫根处苦学了一年。

1757 年，在格拉斯哥大学开设数学仪器店。

1759 年，开始研究纽科门蒸汽机。

1760 年，与克莱格共同经营商店。修理纽科门蒸汽机模型。

1764 年，和玛戈蕾特·米勒结婚。

1765 年，发明透视器，设计分离凝结器。

1766 年，当测量师，照顾家庭。

1767 年，赶赴伦敦，中途转往伯明翰参观塞荷制造厂。

1768 年，和罗博克共同经营蒸汽机事业。初次与鲍尔顿见面。开始制造新的蒸汽机。

1769 年，取得蒸汽机专利权。

1773 年，发明测量用象限仪。

1774 年，移居伯明翰鲍尔顿家，开始装配蒸汽机。

1775 年，蒸汽机专利权延长 25 年，与鲍尔顿共同经营蒸汽机事业。

1776 年，装置于布伦菲特和普罗斯莱的蒸汽机首次发动。与后妻安结婚。

1777 年，在康沃尔矿山装设蒸汽机，雇用默多克。

1778 年，发明复印机。在法国装设蒸汽机。

1780 年，取得复印机专利权。

1782 年，取得旋转机专利，发明铁制水泥，发现水的成分。

1784 年，发明平行运动装置，发明调速器。

1786 年，设立面粉厂。

1787 年，首次分到蒸汽机事业的股份。

1788 年，发明离心调速器。

1792 年，控告洛亚侵害专利权。

1793 年，控告布尔侵害专利权。

1794 年，长子詹姆斯加入蒸汽机事业，长女珍妮死于肺结核。

1803 年，次子格雷戈里死去。

1809 年，鲍尔顿去世。

1814 年，申请雕像复印机专利权。

1819 年 8 月 19 日，瓦特 83 岁，溘然长逝。

名 言

● 我没有浪费过我有限的时间。

● 发明创造要力求使更多人受益。

● 很多自然能源从我们身边溜走了。

● 好奇心是一个孩子认识世界的捷径。

● 良心是由人的知识和全部生活方式来决定的。

● 自暴自弃，这是一条永远腐蚀和啃噬心灵的毒蛇，它会吸走心灵的新鲜血液，并在其中注入厌世和绝望的毒汁。

● 最好把真理比作燧石，它受到的敲打越厉害，发射出的光辉就越灿烂。

● 发明一样东西其实并不难，只要你做千百次稍有变化的试验，然后看看这些不同试验的不同结果就知道了。

● 发明其实最先并不知道什么结果，往往是千百次的不同试验，然后选择其中的最佳结果，这个最佳结果就是发明。关键是你要不断地去做不一样的试验。

● 社会管理也和机械构造一样，一旦有部件发生扭曲，就会影响到整个机器。

● 一个发明家如果在无聊的社会中浪费他宝贵的时间，那将不是他一个人的损失，而是整个人类的损失。

● 在社会发展过程中，人类不断寻求减轻劳动强度的办法，比如人们发明推车后就不再用肩膀扛重物了。发明用牲畜拉车以后，就能运输更多货物了……所以，我们不能停滞不前，在我们时代，要有更多更伟大的发明。

● 我自小就对机械感兴趣，这是我的天性，但是，我没有停留在仅仅是感兴趣上。在探究机械理论、改进机械构造和给机械注入新的动力方面，我付出了比他人更多的艰辛。

● 我发明创造的动力是想千方百计地减轻人们的劳动负担。因此，人类要不断地研究、发现和利用各种自然现象，特别是风雨雷电、燃烧和蒸发等，把它们改造成某种动力，为人们服务。

图书在版编目(CIP)数据

瓦特／刘玉磊编著. —北京:中国社会出版社,2012.9
(2022.6 重印)
(世界名人非常之路)
ISBN 978 - 7 - 5087 - 4142 - 0

Ⅰ. ①瓦… Ⅱ. ①刘… Ⅲ. ①瓦特,J. (1736~1819) -
生平事迹 Ⅳ. ①K835.616.16

中国版本图书馆 CIP 数据核字(2012)第 201435 号

出 版 人:浦善新		策划编辑:侯　钰	
责任编辑:侯　钰		封面设计:张　莉	

出版发行:中国社会出版社　　　　地　　　址:北京市西城区二龙路甲 33 号
邮政编码:100032　　　　　　　　编 辑 部:(010)58124867
网　　址:shcbs.mca.gov.cn　　　发 行 部:(010)58124866
经　　销:各地新华书店

印刷装订:北京华创印务有限公司　开　　本:170mm×240mm 1/16
印　　张:13　　　　　　　　　　字　　数:200 千字
版　　次:2012 年 9 月第 1 版　　　印　　次:2022 年 6 月第 4 次印刷
定　　价:49.80 元

中国社会出版社微信公众号

中国社会出版社天猫旗舰店